호신권법

[기술편]

Martial Arts Techniques

세계호신권법연맹
WORLD HOSIN KWONBUB FEDERATION

WORLD HOSIN KWON BUB FEDERATION

호신권법

사) 세계호신권법연맹총재

창시자 **임성학** 지음

책을 내면서

무술을 사랑하는 모든 무술인과 호신권법 가족 여러분! 안녕하십니까? 호신권법 무술을 창시한 사단법인 세계호신권법연맹 대표이사장 겸 총재를 맡고 있는 임성학 인사 올립니다.

호신권법은 약45년 전부터 각종 무술에 몰입한 시절을 바탕 삼아 탄생하게 되었습니다. 아직은 미약하지만 그동안 발전을 거듭하여 오늘에 이르게 되어 개인적으로 매우 기쁘게 생각합니다.

무술을 한 마디로 표현하면 "대결의 기술'입니다. 대결을 잘하기 위해서는 무술의 원칙이 있습니다. 호신권법은 거리에 따라 대응하는 기술 즉 '원거리 일 때는 발기술, 근거리 일 때는 손 타격술, 밀착 시에는 손 제압술'로 구분 연결되어 되어 진다는 "무술의 3대 원칙"에 착안하여 만들어 진 것입니다.

지금은 21세기의 초음속시대에 살고 있습니다. 무술 역시 방어 하나 방어 둘, 공격 하나 공격 둘 하는 방어 후에 시차를 두고 공격으로 이어지는 단발성 시대는 옛말입니다. 아무리 좋은 기술이 있더라도 스피드에 걸리면 당해낼 재간이 없습니다. 달리 표현하면, 방어와 동시에 공격이 10수 20수 이상의 연속으로 이어지는 스피드가 중요합니다. 무엇보다 호신권법은 공방기술 중에서 '공방타격기술'과 '공방 순간 제압기술'을 바탕으로 단계별 방어술과 공격술, 상대와 치고받는 공방의 기술과 실전 대련이 가능한 대련의 품새 등으로 엮어져 있습니다. 남녀노소 누구라도 호신권법을 접하면 쉽고 재미있게 최단시간에 무술 고수의 길로 나아가게 될 것입니다.

세상에 아직 알려지지 않은 무술을 창시하고 그 내용을 한권의 책으로 엮어 편찬하는 일은 결코 쉬운 일이 아니기에, 이 책은 품새를 제외한 '기술편' 교본으로 3부로 나뉘어져 있습니다. 제1부는 '호신권법론'으로 창시의 배경 및 이론에 관한 것이고, 제2부는 '호신 제압술과 경호 제압술 및 체포 제압술'을 포함한 종합기술편입니다. 본 기술만 잘 익히고 습득하면, 호신, 경호와 체포에 필요한 제압술을 자연히 터득하게 될 것입니다. 또한 세계 어느 곳에 가더라도 군경을 비롯한 일반무술인 등의 무술지도와 세미나를 진행함에 크게 부족함이 없을 것입니다. 마지막으로 제3부는 호신권법 연혁과 포토 히스토리(사진으로 본 역사)로 구성되어 있습니다. 종합 기술 편은 더러 미흡한 부분이 있을 수 있지만 현재로서는 최선을 다했습니다. 앞으로 나올 '품새편'과 '고급 기술편'에서 좀 더 나은 교본을 출간되도록 더욱 심혈을 기울이겠습니다.

끝으로 이 책이 호신권법 제자들과 무술을 사랑하는 분들에게 많은 도움이 되기를 염원합니다. 더욱이 이 책을 흔쾌히 제작 출판해 주신 법률출판사 김용성 사장님과 관계자분들을 비롯해 물심양면으로 성원해주신 호신권법 임원 분들과 오늘에 이르기 까지 여러 어려움 속에서도 지근에서 기도로 버팀목이 되어 준 아내에게 감사를 드립니다. 아울러 편찬에 도움 주신 분들의 소개는 후면에 기록해 호신권법 역사에 길이 남기도록 하겠습니다.
감사합니다.

2019년 8월
저자 임성학 올림

차 례

Ⅰ. 호신권법론

Ⅱ. 호신권법 종합 기술편

실전 종합 제압술

Ⅲ. 호신권법 연혁 & 사진으로 본 역사

Hosin kwon bub Poto History _ 323

호신권법론

호신권법은 이렇게 창시되었다.

호신권법 창시배경

제1절 호신권법론 창시론

1. 호신권법론

45여 년을 태권도, 복싱을 비롯해 다양한 무술을 접하며 무술인으로 살아오면서 늘 실전에 적합한 종합무술의 필요성을 염두에 두었다. 이에 20여 년 이상을 신체의 제압술기와 공방타격 권법을 연구해왔다.

기존의 많은 무술들이 실전 공방무술에 바탕을 두기보다는 무반응과 부동의 상대를 대상으로 보여주기 위한 시범 위주의 무술, 모양새 위주의 무술, 공격에만 치중한다거나 방어에만 치중하는 편중된 무술이 많다는 사실을 알게 되었다.

실전처럼 공격과 방어를 동시에 하는 '호신' 술기와 '경호' 술기 그리고 '체포제압' 무술에 가장 유익한 "호신권법" 무술을 만들게 된 것이다.

호신권법은 유연성, 스피드, 순간파워, 연속성, 변화성을 기초로 한 공격과 방어가 동시에 가해지는 "대련의 3대원칙"을 최적화한 무술이다. 거리에 따라, 상대와 떨어진 원거리에서는 "발 공방술", 상대에게 근접한 순간은 "손 타격술", 밀착 순간에는 팔을 꺾거나 목을 비틀어 던지는 "손 제압"을 비롯해 실전 "품새" 공방타격 "기본동작 5단계 술", 타격술의 꽃이라고 말하는 "공방십사타" 발 공방과 동시 공방 타격술로 이어지는 "발권이십팔타술" 등으로 이뤄진 시스템(기술체계)을 갖춘 대한민국 정통실전종합무술로 창시된 호신권법이 탄생된 것이다.

2. 호신권법 창시 정신과 목적

세계의 무술은 다양하게 변모되어 왔다. 그 다양성 속에는 태초부터 인간의 본능에 기초한 동작을 양성화 하여 전해 내려온 "전통적인 무술"이 있고, 신체적 구조와 환경과 상황에 따라 필요 한 신기법의 기술체계로 갖춰진 "창시적인 무술"로 구분되어 발전되어 왔다.

무술에는 손기술과 발기술을 비롯한 온몸으로 하는 "맨몸기술"과 각종 무기만을 전문으로 사용하는 "무기술"과 이를 합하여 동시에 사용하는 "종합무술"로 나뉘어져 발전해 왔다. 이러한 무술은 수련을 통한 육체적, 정신적 건강에 유익하게 미치는 긍정적 영향 때문에 인류사에 공헌되는 바가 매우 컸다. 반면에 무술을 악용하여 전쟁의 수단과 약자에 대한 인권침해와 폭력적 행위에 따른 부정적 영향이 있었음을 부인할 수 없다. 이러한 무술의 양면성은 이를 다루는 무술인의 인성과 인격형성에 따라 행위와 결과가 달라진다는 사실을 알 수 있다.

호신권법의 창시목적

첫째, 내 몸을 지키고 가족과 사회와 국가를 지킨다.

둘째, 올바른 정신과 강인한 체력을 기른다.

셋째, 바른 인성과 인격을 갖춘 참다운 무술 인재를 양성한다.

넷째, 호신권법을 통한 존경받는 최고의 무도인을 양성한다.

다섯째, 사회에 공헌하고, 세계에 보급하여 호신권법인의 자긍심을 살린다.

여섯째, 세계무술발전과 무술역사에 기여한다.

3. 호신권법의 장점과 특징

호신권법은 체계적인 실용기술로 갖추어져 있다.

1) 실전 대련 품새로 만들어져 있다 (품새만으로 상대와 대련 할 수 있다)

2) 기본동작 5단계 기술만으로 실전공방대련을 할 수 있다.

3) 공격적 개념의 방어기술 체계가 뛰어나다.

4) 표적 타격술로 이루어져 있다

5) 선제공격기술이 뛰어나다

6) 방어적 역공격술이 뛰어나다

7) 체계적인 연속 전환 공방술이 뛰어나다

8) 유연성과 스피드에 의한 순간파워 기술로 이루어져 있다.

9) 방어적 호신제압 기술이 뛰어나다

10) 외수(한손) 공방술이 뛰어나다

11) 방어와 동시 공격술이 뛰어나다

12) 무술인재를 양성하는 단계별 시스템으로 갖춰져 있다.

13) 군인, 특수요원, 경찰, 보안요원, 경호요원, 교도관 기타 전문 무술을 필요로 하는 다양한 분야에 적합한 무술로 갖춰져 있다.

14) 형식이나 불필요한 틀에 얽매이지 않고 몸의 유연성을 최대한 살린 실전 사용의 기술체

계로 이루어져 있다.

15) 방어를 위해 상대의 신체와 그 탄력의 힘을 이용해 다음 동작으로 연결하는 기술체계이다.

4. 호신권법의 이해

1) 호신(護身) 무술이란?

호신은 상대의 위협으로부터 보호 장비나 신체를 이용하여 자신의 몸을 보호하는 것을 말한다. 호신의 넓은 의미는 자신의 몸을 보호하는 신변보호 기술 즉 '호신의 기술'이라고 말한다. 호신의 기술은 호신권법을 비롯해 각종 무술로써 자신을 보호하는 무술이면 족하고, 그 어떤 특정 무술이 따로 있는 것은 아니다.

2) 권법(拳法)이란?

권법이란? 맨손무술의 대표성을 띤다. 태초부터 인간은 생존을 목적으로 자신과 타인을 보호하기 위해, 방어와 공격의 수단으로 무기류와 신체적 기능을 사용하여 왔다.

권법은 생존본능의 차원에서 사용 된 무기술과 함께 신체적 기능 즉 , 맨몸사용 방법으로 그 기술이 발달 되어 왔다. 맨몸사용 기술이 발달되어 오면서 상대와 원활하게 공방을 함에는 무엇보다 손과 발의 사용이 가장 용이하다. 손과 발 중에서도 상대의 무기를 제압하고, 근접 공방 시에는 발의 사용보다 손의 각종 부위 사용이 훨씬 용이함을 느끼게 된다. 손의 부위 중 가장 효과적인 사용부위가 바로 주먹 권(拳)이다. 이를 원활하고 효과적으로 사용하도록 기술의 형태가 필요하다. 이러한 '무술의 형태'를 체계화하여 붙여진 이름이 바로 권법(拳法)이다. 이 권법은 맨손기술의 최고봉으로서 '맨손무술의 으뜸이 되는 무술 정의의 상징이기도하다.

3) 호신권법이란?

호신권법 (護身拳法, Hosin Kwonbub)은 맨손 실전종합무술로써 창시자 임성학의 '대련의 기술'에 바탕을 둔 것이다. 환경과 상황에 맞게, 거리에 따라 발기술과 손 타격술, 손 제압 기술의 형태로 '호신'과 '권법'(신체를 보호하는 맨손의 기술)이 조합된 합성어다.

4) 호신 권법의 형태

호신권법은 '곡선'으로 이루어져 있다. 상대의 연속적인 공격을 효율적으로 방어함과 동시에 공방의 전환에 절대적으로 필요한 유연성, 스피드에 초점이 맞추어져 있다.

제2절 무술과 무술인의 정의

1. 무술의 정신과 신체적 조건

1) 무술의 정신

'무술의 정신'이란 무술을 하는 자의 마음 즉 바른 생각, 바른 인격을 말한다. 무술은 힘을 쓰는 기술이기에 인명을 구하기도 하지만, 인명을 해치기도 한다. 따라서 무술을 하는 자의 바른 생각, 바른 언행, 바른 인격은 곧 참된 무도 인이 갖춰야 할 '정신' 임을 말한다.

2) 무술의 신체적 조건

스포츠를 비롯한 각종 예능을 잘하기 위해서는 신체적 조건이 구조적으로 잘 발달되어 있어야 한다.

신체적 조건은 선천적으로 잘 타고날 수도 있으나, 후천적으로 훈련을 통해 다듬어지고 만들어질 수 있다. 무술을 잘하기 위해서는 3대 요인이 있다. 그것은 '좋은 기술, 신체적 조건, 그리고 반복된 훈련'이다. 이를 위해서는 기골이 장대하고 골격이 잘 발달되어 있는 자가 유리하다.

2. 무술과 스포츠의 상관관계

1) 무술과 스포츠(운동), 도장과 체육관은 구분돼야한다.

무술을 한다고 하면서 혹은 무술 고수를 자처하면서 운동, 스포츠가 몸에 밴 자가 많다. 참된 무술과 스포츠가 혼돈되어서는 안 된다. 엄격히 말하면 무술은 무술이고, 스포츠는 스포츠다. 무술을 하면서 스포츠로 귀속되어서는 안 된다. 스포츠를 하면서 개념 없이 말끝마다 운동을 주창하는 것은 진정한 무술의 정신과 정체성을 상실한 것과 같다.

2) 무술과 스포츠는 개념부터 다르다.

무술은 자신의 몸을 보호하고, 생사여탈을 논하는 것이다. 반면, 운동은 건강을 지키고, 정해진 규칙 속에서 승부를 겨루어 보는 것이다. 물론, 무술이나 운동은 신체를 강화하고, 건강을 지킨다는 점에서 동일한 것이나, 그 추구하는 의미는 근본적으로 다르다.

3) 무술과 스포츠는 용어부터 다르다.

무술은 수련과 단련, 대련과 대결이다. 스포츠는 운동과 연습, 게임에서 겨룬다는 뜻이다. 무술수련은 상대의 위해로부터 자신의 신체의 방어와 상대 신체를 제압하는 공격을 원활하게 위해서 훈련함을 말한다. 더 나아가 생명을 지키거나 빼앗는 기술을 익히고 습득하는 것이다. 단련은 힘을 쓰는 신체적 부위를 반복된 수련을 통해서 강화시키는 것을 말하고, 실전 결투를 위한 수련인 '대련'과 실전 결투인 '대결'로 그 용어를 달리 의미를 구분하는 것이다.

반면, 스포츠(운동)는 게임(경기)과 연습이다. 운동은 맨몸 혹은 운동기기를 이용하여 신체를 강화시켜 건강을 지키기 위한 훈련이다. 연습은 신체의 위해를 가함 없이 정해진 룰 속에서 기술을 발휘하는 경쟁으로, 상대와의 게임을 위한 기술을 익히고 훈련하는 것이다.

4) 무술은 '도장'이고, 스포츠는 '체육관'이다.

도장은 무술을 수련하고 단련하는 장소이다. 무술도장은 생명과 연관된 힘을 쓰는 기술을 수련하거나 단련하여, 상대와 실전의 대결을 목표로 하여 준비단계인 대련과 동시에 무술의 정신을 수양하는 장소이다. 반면, 체육관은 운동과 연습을 통해 건강을 지키고, 즐기면서 실력을 평가하고 정해진 룰 속에서 게임(경기)을 통해 겨루어 보는 장소이다. 이처럼 도장과 체육관은 엄연히 구분되어 있는 것이다.

3. 무술 사범과 스승과 사부의 관계

1) 무술사범

무술사범은 무술을 가르치는 무술지도자를 총칭한다. 다른 한편으론 스승을 모시고 제자를 가르치는 지도자를 말한다. 예컨대, 스포츠로 말하면 감독 밑에서 지도하는 코치와 같다.

2) 무술 스승

무술을 전수 받은 자가 스승을 떠나 독립적으로 전수 받은 무술을 제자에게 전수해주는 사범을 말한다. 예컨대, 스포츠로 말하면 감독과 같은 지도자를 말한다.

3) 무술사부

무술 사부는 스승과 어버이의 합성어로서 자신을 가르쳐준 스승과 어버이 같은 존재로 최고의 존경을 표하는 사범에게 붙여진 존칭이다. 사부란 자신이 전수받은 무술이 아니라 세상에 없는 창시된 무술을 직접 전수하는 지도자를 말 한다.

요약하면, 세상에 없는 무술을 창시하여 제자에게 직접 전수해 주면 사부가 되는 것이다. 사부로부터 직접무술을 전수 받은 자가 제자를 직접 양성하면 스승이 된다. 그 스승 아래서 전수받아 지도를 할 경우, 사범이 되고, 사범이 독립하여 또 다른 제자를 양성하면 스승이 되는 순차로 이어지면서, 무술과 무술인의 역사가 이루어진다. 이것은 선대로부터 내려오는 족보와 같으며, 어느 누구도 족보를 모르고 함부로 사용하게 될 경우, 배은망덕으로 조상을 욕보이는 것과 마찬가지의 경우이다.

4. 무인, 무술인, 무도인의 관계

1) 무인

무인은 무술을 하는 모든 사람을 총칭한다. 무술을 많이 배웠거나 무술을 조금배운 자를 불문한다. 정의로운 것처럼 언행을 하여 존경을 받는 자 혹은 스승과 선배, 후배를 몰라보고 자신이 최고인양 거들먹거리며 건방지고 교만한 모두를 지칭한다.

2) 무술인

무술인은 특정무술을 하거나 종합 무술을 전문으로 하는 무술 고수나 무술 관련업을 연구 개발하는 무술 고수를 총칭한다. 무술은 포괄적이다. 가령, 건설에도 종합건설과 단종 건설이 있듯이, 신체 어느 특정 부위 만을 전문적으로 사용하는 제한적인 기술과 시스템의 특징을 가진 무술은 단종 무술이다. 반면, 손과 발을 비롯해 신체 부위를 무제한적으로 사용하는 기술을 상황과 환경에 맞게 갖춰진 시스템(기술체계)을 종합무술이라고 한다. 이러한 종합무술의 고수를 무술인이라 칭 한다.

3) 무도인

무술의 최고 고수로서 인격과 품성 면에서 타인으로부터 존경을 받는 최고의 무술인에게 붙여진 존칭이다. 무도는 '무술의 도'를 말함이고, 무술의 도는 바른 길 곧 바른 '무술의 정신'을 뜻한다.

바른 정신은 인간의 인격, 바른 인성을 뜻한다. 무술의 도를 터득했다는 것은 무술의 깨달음과 인격수양이 인간의 한계를 넘어서 신의 경지에 입도했다는 것이다. 아무리 무술을 잘하는 고수라 하더라도 상대를 무시하거나 언행이 일치되지 못하고 교만하면 타인의 존경을 받을 수 없기 때문에 무도인이 될 수 없다. 무도인은 무술의 기간이나 연륜, 단의 높낮음에 있지 않고, '무술의 경지'만큼 '인격"을 갖추었을 때 불리어 지는 최고 영예이자 월계관이다.

5. 내공과 외공을 통한 무술의 관계

내공과 외공은 모두 공력 즉 힘을 길러 축적하고, 이를 외부로 발산하는 것을 말한다.
내공은 힘을 몸 안에 내재하고 있는 에너지를 말하고, 외공은 몸 안에 내재되어 있는 것을
외부로 표출하여 사용하는 에너지를 말한다. 무술은 곧 힘을 기르고 사용하는 기술이다. 그
러나 아무리 좋은 기술을 가지고 있다고 해도 이를 자유자재로 움직임에 필요한 힘으로 유
지되지 않으면 금방 지쳐 무너지고 만다. 또한 그 기술사용에 필요한 만큼의 적절한 힘이
부여되지 않으면 그 기술은 무용지물이 되는 것이다. 무술을 잘하기 위한 가장 중요한 요소
는 기술을 발휘하고 지탱할 수 있도록 충분한 에너지를 보유하는 것이다. 가령, 벽돌을 주
먹이나 손날로 가격하여 격파하는 것에는 내공과 외공이 동시에 훈련되어야 한다. 대결함
에 있어서도 상대와 승부가 결정 날 때까지 지치지 않고 지탱하면서 공방에 파워(power)를
발휘할 만한 에너지가 있어야 한다.

부연하면, 내공은 기공을 통하거나 맨손이나 기구를 이용해 힘을 끌어 모아 근육과 심폐를
강화시켜 육체에 힘을 저장해 두는 것이다. 반면에, 외공은 상대와 팔뚝 등 신체를 서로 부
닥치는 공방기술로써, 자갈주머니 혹은 나무 등의 각종 가격(加擊) 기구로 신체의 단련을
통해 힘을 축적하는 것을 말한다.

제3절 기운용과 무술의 관계

1. 기란 무엇인가?

기란 한여름의 아스팔트 위에 이글거리는 아지랑이처럼 보일 듯 말 듯 하면서도 보이지 않는 것이다. 다만, 느낌으로 알 수 있는 것이다. 동양에서 말하는 기는 생물을 지탱시키는 원초적 에너지다. 그래서 "기운이 세면 운도 세다"란 말이 있다. 이는 '약육강식'의 자연의 법칙에서 보듯 '에너지' 즉 힘이 강한 생명체가 약한 것을 지배하게 되고, 자석과 같이 강한 것이 약한 것을 끌어당겨 흡수하게 되는 작용과 같다. 이는 강한 기를 가진 자가 그만큼 유리하다는 것을 의미한다. 물론 에너지를 강화시키는 요소는 인체에 이로운 약초나 육류와 같은 보양 음식을 먹음으로 인해 얻어지는 에너지도 있지만, 각종 운동기기와 타격대를 이용한 단련 기술로 근력을 단련함으로 얻어지는 외공술이 있다. 그리고 주먹을 꽉 쥐고 허공을 내려치는 기력술과 단전호흡과 같은 호흡을 통한 공기속의 물질을 이용한 기 운행술을 연마하여 얻는 내공술이 있다.

2. 기와 호흡

호흡은 생명체를 유지시키는 가장 중요한 부분이다. 폐 활동을 강화하고, 혈액을 통해 두뇌에 산소를 공급한다. 또한 인체에 필요한 세포에 산소를 공급함과 동시 호흡운행을 통해 에너지를 모으고, 인체 내에 잔존해 있는 이산화탄소와 각종 독소를 몸 밖으로 배출 시키는 기능을 한다. 호흡은 주로 복식호흡과 흉식호흡으로 구분한다. 코와 입을 통해서 하되 기 호흡은 위로는 뇌, 아래로는 단전을 통해 운행되기 때문에 원칙적으로 코를 통해 운행하는 것이 좋다. 호흡은 숨을 들이마시는 들숨과 내쉬는 날숨으로 구분된다. 일반 호흡과 달리 기운용의 호흡법은 혀를 입천장에 살짝 갖다 붙이고, 이빨을 살짝 깨물고 입술을 굳게 닫고 숨이 입으로 새어나가지 않게 하고, 코를 통해 들숨과 날숨으로 운용함을 말한다.

3. 단전

단전은 단(丹)을 한자어로 붉은 단이라는 뜻이고, 전(田)은 경작할 밭 즉 생산하는 장소다. 그래서 단전(丹田)은 붉은 열을 생산하고 모으는 장소, 다시 말해 따뜻한 열기인 에너지 '기'를 양성하고 모으는 곳이라는 뜻이다. 보통 단전은 하단전과 중단전, 상단전으로 구별하고 이를 '삼전'이라고 부른다. 이 단전의 위치는 아직 명쾌하게 어느 곳이라고 단정 지을 수 없고, 단전호흡을 하는 전문가 마다 다소 이설이 있다.

현재까지 알려진 다수설에 따르면, 삼전은 모두 머리 중앙지점인 백회를 중앙으로 수직으로 내려가면서 첫째, 상단전은 이마 안 부분을 말하고, 둘째, 중단전은 가슴 중앙 안 부분을 말하고, 셋째, '하단전'은 배꼽과 치골까지 기점으로 삼아 수직으로 '기해,' '석문', '관원', 혈순으로 이어져 있다. 이 '석문혈'을 단전이라 한다. 필자 개인적으로는 석문혈의 중앙 지점부터 위로는 기해혈에 닿는 부분과 아래로는 관원혈에 닿는 부분까지 둥근 원을 그려보면 그 원의 중심혈이 하단전이라 볼 수 있다.

4. 단전호흡

앞에서 단전에 대해 살펴본 바와 같이 단전은 하단전, 중단전, 상단전으로 구별된다. 전문가가 아닌 일반인으로서는 '하단전'부터 '중단전', '상단전'으로 거슬러 올라가며 수련을 향상시켜 나가는 것이 좋다. 모두 공통적으로 영상훈련인 이미지 트레이닝 (image training) 요구된다.

하단전과 달리 중단전과 상단전은 전문성이 요구되기 때문에 여기서는 하단전 수련에 대해서만 논하고자 한다. 먼저 기를 모으고 운용함에는 이미지트레이닝이 필수적이다. 기를 모음에는 호흡을 통한 것과 온몸세포와 각종 혈을 통해 빨아들이는 방법으로 나눌 수 있다. 이 모두가 이미지 트레이닝에 바탕을 두고 해야만 원활한 기수련을 할 수 있다. 첫째, 호흡을 통한 기 수련 방법으로는 바른 자세로 가부좌 혹은 반가부좌를 틀고 앉아서 하거나 양다리를 펴고 바른 자세로 누워서 하거나 다리를 편하게 벌리고 무릎을 약간 구부려 선 채로 운행수련을 한다. 기운행술의 방법엔 반드시 이렇게 해야 한다는 법칙은 없다. 또한 가부좌를 틀고 하는 경우는 다리가 꼬아져 혈액순환과 기의 흐름이 원활하지 못할 경우 오히려 기운행술에 장애가 될 수도 있음을 간과해서는 안 된다.

가령, 가부좌를 틀고 앉아서 할 경우 (이는 요가효과) 양손바닥을 위로 향하게 하고 양 무릎에 올려놓고, 고개는 약간 숙이고, 눈을 살며시 감은 채, 정신을 몰입하고, 코로 서서히 들숨호흡을 하면서 호흡은 코를 통해 폐를 거쳐 곧바로 풍선에 바람을 불어넣듯 하복부를 밀어 천천히 부풀어 오르게 한다. 최대한 배를 부풀인 후 부풀린 배에 힘을 가하면서 '단전으로 기를 밀어 짜 넣어 모은다.' 는 것을 의식하며 실제로 배 안에서 기가 꿈틀거리며 움직이는 느낌을 받을 수 있어야 한다. 들숨과 날숨의 시간은 처음엔 들 숨을 약10초 한 후 멈춤 약10초로 하고, 호흡을 멈춘 상태에서 단전에 힘을 가해 기를 짜 넣어 모으고, 날숨 역시 약10초로 하되 풍선에 바람을 빼내듯 부풀린 배를 등허리에 끌어당겨 홀쭉하게 만들면서 서서히 호흡을 내 뿜어야 한다. 처음엔 호흡 길이를 짧게 하다가 수련에 따라 호흡 길이를 늘여 나가면 된다. 초보자는 들숨 10초 멈춤 5초 날숨 10초 1분에 2호흡 안팎으로 하는 것이 적당하다. 단전호흡 방법은 다양하지만, 무엇보다 중요한 것은 호흡시간을 길게 한다고 반드시 좋은 것은 아니다. 잘못하면 뇌에 산소공급이 부족하게 되고, 무리를 주어 부작용이 일어날 수 있음을 주의해야 한다.

개인적으로는 한 호흡(들숨날숨과 호흡중단)을 길게 하여 무리를 주는 것보다 적당히 횟수를 늘여 가는 것이 좋다. 둘째, 세포와 경혈을 통한 기수련 방법은 호흡은 그대로 하되 온 정신감각을 총동원해 우주만물에 떠돌아다니는 좋은 기를 백회, 손바닥, 발바닥 등을 비롯해 모든 세포를 통해 온몸으로 빨아들여 단전에 모은다는 이미지 트레이닝을 함으로써 기를 모으는 방법이다. 물론 이는 정신통일에 의한 기 수련법이기 때문에 쉬운 것만은 아니다. 그러나 집중을 하여 수련하다 보면 반드시 좋은 결실을 얻으리라 본다.

5. 단전 강화 수련법

1) 단전 튕겨 주기 수련법

단전호흡에서 배를 튕겨 주듯 들숨과 동시 아랫배 단전에 기를 모은다는 생각과 병뚜껑이 안으로 오목해 졌다가 다시 바깥으로 볼록하게 튕겨나가는 느낌으로 압박을 주면서 들숨과 날숨으로 한다. 이는 코를 통해 빠른 속도로 연속 호흡을 하는 것을 말한다. 이를 단전 튕겨 주기 호흡법이라 한다. 방법으로는 약1초에 2회 정도 들숨과 날숨을 반복한다. 물론 이는 정해진 바가 없다. 호흡전문가에 따라 정도의 차이가 있다. 모든 것은 장단점이 있음을 잘 살펴서 호흡하여야 한다.

2) 단전 압박 수련법

단전 호흡 방법 중 들숨으로 단전에 기를 밀어 넣고, 호흡을 멈추고 단전에 힘을 준 상태로 손바닥 혹은 주먹을 쥔 상태로 단전부위를 두드려 강화시킨다.

6. 복식호흡과 흉식호흡

인간의 기 수련방법에는 다양한 호흡법이 있을 수 있지만, 자연적인 인간의 호흡법은 '복식호흡'과 '흉식호흡' 두 가지로 나뉜다. 물론 뇌 호흡과 같은 호흡법은 별도로 다룰 것이다. 그 어떤 호흡보다도 귀중하고 좋은 것은 바로 복식호흡이다. 인간의 창조주께서 인간에게 가장

좋고 유익한 호흡법이 바로 복식호흡이기 때문이다. 이는 갓난아기를 통해 알 수가 있다. 아기가 태어나 숨을 쉬는 것을 보면 마치 풍선과 같이 '들숨을 할 때 배를 불룩하게 하고, 날숨을 할 때는 배를 등허리에 집어넣는 것을 볼 수가 있다. 복식호흡이 생(生)이라면, 흉식호흡은 사(死)로 가는 호흡이라고 말 할 수 있다. 우리가 한숨을 쉬는 것은 인체에 호흡을 통해 필요한 양만큼 산소가 공급되지 못하고 답답함을 느끼게 되어, 인체 스스로 필요한 양을 불러들이기 위해 한숨을 쉬면서 산소 공급을 받게 되는 것이다.

그래서 답답하다가도 한숨을 쉬고 나면 가슴이 시원함을 느껴짐을 알 수가 있는 것이다. 좀 더 이해를 돕자면, 가령, 사람이 위급을 당하거나 어떠한 어려운 일에 봉착하게 되면 긴장을 하게 되고 긴장을 하게 되면 안정을 찾을 수 없고 안정을 찾지 못하게 되자 모든 근육이 수축되어 세포의 활동이 둔하게 되고, 제대로 된 호흡을 할 수가 없게 되어, 가파른 숨 즉 짧은 호흡, '흉식호흡'을 하게 되는 것이다. 이럴 경우, 자연히 한숨을 많이 쉬게 된다. 이는 인체 스스로가 생을 찾기 위한 반응을 하는 것임을 알 수 있다.

그렇다면, 왜 갓난아기 때는 복식호흡을 하고, 성인이 될수록 흉식호흡으로 변해 가게 되는가를 살펴봐야 할 것이다. (물론 인위적으로 흉식호흡을 수련하는 사람은 별도로 다룬다.) 이는 갓난아기 때는 아무런 근심 걱정이나 고민과 고통을 모르고 맑고 깨끗한 정신에서 시작하지만, 성장하면서 인간이 갖는 욕심이나 번뇌가 주입되면서 앞서 설명한 바와 같이 제대로 된 호흡을 할 수가 없게 되어 성장과 나이에 비례하여 호흡이 짧아지고 결국은 흉식 호흡으로 이어지기 때문이다. 이런 의미에서 "호흡이 짧은 자는 명이 짧고, 호흡이 긴 자는 명이 길 수밖에 없다." 복식호흡은 기를 얻을 수 있는 반면, 흉식호흡은 제대로 된 기를 모을 수가 없다.

무술의 관점에서 보아도, 호흡이 불안정하여 짧고 가파르고 빠르게 움직이는 사람은 숨이 차서 대결에서 오래 버티지 못한다. 반면에 호흡이 안정되어 제대로 하는 사람은 숨이 차지 않기 때문에 그만큼 유리할 수가 있다.
다만, 복식호흡은 들숨과 날숨만을 편하게 해야 하고, 중간에 쉼 없이 하되 호흡시간을 서서히 길게 늘려가는 방법이 좋다.

7. 호흡과 스트레칭과 무술 관계

스트레칭은 정신과 신체의 스트레스를 풀어 줌과 동시에 몸의 유연성을 기르는 운동이다. 신체 반응은 정신 반응과 직결되어 있다. 정신이 불안정하고 스트레스를 받아 불쾌지수가 높아지게 되면, 신체의 근육과 신경계의 모든 세포가 동시에 긴장되고 수축(경직)하게 되고, 빠른 호흡과 동시에 단 호흡(짧은 호흡)으로 산소공급의 양이 그만큼 부족해진다. 또한 오장 육부의 장기를 비롯해 순환기관 활동이 원활치 못하여 결국 만병의 근원이 될 수 있다. 반면에 정신이 맑고 스트레스를 받지 않고 행복지수가 높아지게 되면, 신체의 근육과 모든 신경 세포가 이완적 반응을 일으킨다. 몸이 경직되지 않고 모든 세포를 비롯한 순환기관 활동이 원활해져 건강한 신체를 가질 수 있게 된다. 특히 장기 중 신경에 민감한 '위장'과 '대장'은 신경성(스트레스)질환이 가장 많다고 한다.

인간의 신체에 있어 '온'(따뜻함)은 이완, '냉'(차가움)은 수축을 의미한다. '온'은 수축된 근육을 풀어주는 역할을 하고, 반면 '냉'은 이완되어 있는 근육을 수축시킨다. 몸의 근육만 이완과 수축을 하는 것이 아니라 온 세포와 장기마저 온과 냉에 따라 수축과 이완을 반복하는 것이다. 무엇보다 인체의 장기는 냉보다는 온을 원한다. 장기가 냉하면 수축을 하여 원활한 역할을 할 수가 없다.

또한 딱딱한 '강'보다는 부드러운 '유'를 원한다. 스트레칭은 긴장을 완화시켜 줌과 동시에 수축된 근육과 관절마디를 부드럽게 풀어주고, 혈류를 원활하게 순환할 수 있도록 도와주게 된다. 단전호흡은 기의 운용과 함께 아랫배에 따뜻한 온기를 불어넣어 주어 마치 찬 방바닥에 군불을 지펴줌과 같이 몸의 경직된 부분을 이완시켜 주기 때문에 호흡과 스트레칭은 필요불가결의 관계가 있다.

몸이 긴장되고 딱딱하게 굳어있는 수축된 상태에서 무술을 하게 되면, 몸의 유연성과 스피드를 제대로 발휘할 수가 없어, 결국 근육과 관절에 무리를 주어 부상을 당할 위험이 있다. 더욱이 무술은 상대의 몸과 몸이 부닥치며 격한 기술을 발휘하며 대련을 해야 하기에 사전 준비운동이 필수적이다. 호흡 스트레칭의 방법으로는 팔이나 다리를 모으거나 몸을 움츠릴 때에는 들숨을 하고, 팔이나 다리를 내뻗거나 몸을 펼칠 때는 날숨으로 해야 한다.

제4절 품새와 대련의 호흡법

1. 품새의 호흡법

품새나 대련을 전개할 때 호흡법에는 약간의 차이가 있지만 그 방법은 동일하다. 먼저 품새의 호흡법을 살펴보자. 품새를 전개하는 형태를 분류하면, 첫째, 한 동작 한 동작으로 전개하는 구분동작이다. 둘째, 여러 동작을 연결 혹은 동시 방어와 공격을 병행동작 하는 연속동작이다. 셋째, 동일 동작 혹은 연속동작을 스피드로 전개하는 속성동작이다.

이를 설명하면 다음과 같다.

(1) 구분동작을 전개할 때는 방어동작은 '들숨 호흡'을 한다. 이는 방어동작과 들숨호흡은 유사성이 있다. 들숨도 몸을 움추려야 하는 반응이 있고, 방어동작 역시 몸을 모으는 수축 반응이 일어나기 때문이다. 또한 공격동작을 전개할 때는 '날숨 호흡'을 한다. 공격동작에는 방어동작의 반대 현상인 몸을 내뻗는 이완 현상이 일어나기 때문이다. 특히 공격동작을 전개할 때, 기를 모아 날숨과 함께 기를 내뿜고 폭발시켜, 최대한 파워를 일으켜야만 완벽한 공격력을 얻기 때문이다.

(2) 연속동작을 전개할 때는 들숨날숨과 날숨들숨이 동시에 이뤄져야 한다.

(3) 속성동작을 전개 할 때에는 들숨과 날숨을 동시에 하면서 속성동작에 맞추어 호흡을 해줘야 한다. 가령, '방어 공격, 방어 공격' 순으로 속성연결 동작이 일어나면, '들숨 날숨 들숨 날숨' 순으로 전개되는 동작에 맞춰가며 호흡이 빠르게 이루어져야 한다. '공격 방어 공격 방어' 순으로 동작이 일어나면, '날숨 들숨 날숨 들숨' 순으로 품새 동작에 맞추어 호흡을 빠르게 해야 한다.

2. 대련의 호흡법

대련의 호흡법에는, 앞서 품새와 같은 방법에 의해 호흡을 이루어야 한다. 다만, 품새와 달리 대련에서는 순간 방어와 공격, 공격과 방어가 전광석화와 같이 빠르게 전개되기에 순간적으로 공방대련동작에 일일이 맞춰 호흡을 할 수가 없다. 따라서 상황에 따라 들숨과 날숨과 멈춤(호흡정지)과 짧은 호흡과 긴 호흡, 빠른 호흡과 느린 호흡으로 적절히 조절하여 숨이 이루어지도록 해야 한다. 호흡을 장기간 수련하다보면, 의식적으로 일일이 반응하지 않아도,

무의식속에서 인체가 필요한 만큼 잠재반응이 일어나 상황에 맞춰 스스로 '들숨과 날숨과 멈춤' 호흡으로 이뤄지게 된다. 소위 말하면 자동적으로 호흡이 이루어져야한다는 것이다.

무술의 고수가 되기 원한다면 대련을 잘해야 하고, 대련을 잘하기 위해서는 무엇보다 호흡조절을 잘해야 한다. 호흡조절이 제대로 이루지 못하면 호흡곤란을 당해 빨리 지치게 된다. 대련에서 먼저 지치게 되면 제아무리 뛰어난 기술 보유자라도 결코 승리를 장담 할 수가 없다.

호신권법 수련생 십훈

하나, 사부와 스승님께 존경을 다하자

하나, 존경받는 참무도인이 되자

하나, 바른 인성을 갖춘 정의로운 사람이 되자

하나, 언제나 충효정신을 잊지 말자

하나, 호신권법무술로 최강의 무술인이 되자

하나, 언행을 일치하는 신의 있는 사람이 되자

하나, 배움에 있어 열정을 갖고 최선을 다하여 수련하자

하나, 용기와 도전정신을 갖고 세계화에 앞장서자

하나, 긍정적인 사고로 가치 있는 무술인이 되자

하나, 호신권법 가족임에 자부와 긍지를 갖자

제5절 호신권법 8대 정신

① 최고 무도인 정신

무술을 배우고 수련하여 최고 무술인으로 타인들로부터 존경 받는 참다운
무도인이 되도록 노력한다.

② 바른 인격 함양 정신

무술을 배움에 교만하지 말고 겸손과 낮은 자세로 바른 인격 함양에 노력한다.

③ 열정과 성실 정신

항상 무술을 배움에 있어 게으르지 말고 열과 정성을 다하여 최고가 되도록
수련한다.

④ 창의와 도전 정신

세계는 넓고 할 일은 많다. 항상 호신권법 무술에 대한 연구개발에 매진하고
호신권법 보급에 앞장서 세계화를 이루도록 최선을 다해야 한다.

⑤ 정의로운 충효 정신

무술인은 약자를 보호하고 사회정의에 앞장서고, 부모에게 효도와 국가에
충성함을 으뜸으로 삼아야 한다.

⑥ 신뢰와 믿음 정신

스승과 제자, 사제지간에 서로 배려하고 양보하고 아끼고 사랑하여야 하고,
무엇보다 거짓으로 상대를 기만하지 말고 언행을 바르게 하여 의리와 믿음과
신용으로 대하여야 한다.

⑦ 화합과 단결 정신

호신권법인은 비판과 험담을 하지 말고 서로 이해와 용서로서 하나 됨으로 뭉쳐
호신권법 무술 발전에 앞장서도록 최선의 노력을 다해야 한다.

⑧ 호신 호국정신

호신권법 무술은 자신과 타인을 보호하고, 사회와 국가를 지키는 데 앞장서야
한다.

호신권법 종합 기술편

"누구나 무술의 최고수가 된다."

호신권법 기본 공방 동작

제1장 호신권법 기본공방동작 기술체계

1. 방어적 공방개념

호신권법 방어는 곧 공격적 개념이다. 달리 말하면, 상대가 주먹이나 발로 공격할 때 대응하는 방법이 상대 공격과 방어 부위가 서로 맞닿는 순간 정지된 후 다음 동작으로 전환 공방되는 방어적 개념은 다음으로 이어지는 빠른 공격 동작 연결에 장애 요인이 있다. 그러나 호신권법의 방어적 개념은 스피드 연속 공격과 같은 동일 방법으로 때려 치면서 방어와 동시 공격으로 연결하는 것을 말한다.

이는 방어와 동시 상대와 맞닿는 부위를 기반으로 삼아 마치 용수철처럼 튕겨 올라 다음 연결 동작으로 이어지게 하는 기법을 말한다. 다시 말해, 스피드로 주먹 연속치기와 같이 한 손은 상대의 공격 부위를 때려치며 방어함과 동시 다른 한 손은 그대로 공격목표를 가격함을 말한다. 이에 호신권법의 기본 공방 막기 술은 '눌러 쳐 막기'와 같은 '쳐' 막기로 공격성 개념 이름이 붙여진 것이다.

2. 기본 동작 공방자세

대련의 기술은 자세에 따라 방어와 공격의 기술이 달라진다. 주먹 공격의 스피드는 눈 깜짝할 정도로 빠르다. 상대의 주먹 공격에 눈으로 인지하고 뇌에 전달, 대응에 적합한 방어 방법을 선택, 명령을 하달하여 몸의 부위가 움직여줄 사이도 없이 가격 당하게 된다. 그래서 훈련된 감각적 반사운동의 반응으로 적절히 대응할 수 있는 것이다. 가령, 왼발을 앞에 둔 대련자세를 취했을 때, 상대가 오른 주먹으로 왼 얼굴을 공격할 경우, 왼손은 대응에 원활한 반면 오른 손은 거리상 간발의 시차가 있기 마련이다.

특히 몸을 밀어들면서 발 공격과 동시 양 주먹을 연속적으로 날리며 치고 드는 공격에 대응하기 위해서는 간발의 시차도 허용해서는 안 된다. 이에 대응하기 위해서는 왼손 즉 앞선 손으로 먼저 대응 방어하고 오른 손고하 발은 후속방어와 공격용으로 대응함이 자연스런 공방이 이뤄진다는 것이다.

호신권법은 바로 한 손 즉 왼손 공방에 용이하도록 다양한 기술을 개발 실전훈련에 사용하고 있다. 또한, 기본공방 동작 기술은 상대의 예상치 못한 공격에 대비하여 방어와 동시 공격에 적합 기초기술을 익히고 습득하기 위한 기본적인 공방기술임은 물론 전천후의 체계적인 깃이다. 모든 것이 기본에 충실해야 실전에서 강함과 같이 호신권법의 기본동작만 잘이해하고 설렵해 두어도 일반적인 공방 기술에 많은 도움이 되리라 본다. 수련 시 손바닥을 많이 사용하는 것은 스피드와 유연성 훈련을 위함이다. 실전에는 손날 혹은 팔뚝으로 후려쳐 공방한다. 고수라면 누구나 알듯이 방어의 기술은 다양하다. 상대와 처한 상황에 따라 공방부위를 선택함을 잊지 말아야 한다.

3. 기본공방동작 단계별 훈련기법

앞에서 설명에 이어 기본동작은 "4단계로 나눈다."

첫째, 1단계는 시연과 함께 설명을 요하는 것이다.

둘째, 2단계는 보법과 함께 시연하며 훈련하는 것이다.

셋째, 3단계는 상대 파트너와 직접 실전공방을 해가면서 훈련하는 것이다.

넷째, 4단계는 방어와 동시 주먹과 발로 몸통과 얼굴을 공격하면, 상대는 이를 막아내며 방어함과 동시 재
차 공격하는 공방기술을 실전용으로 훈련하는 것이다.

TIP 1단계와 2단계는 이미지트레이닝(image training) _ 공방동작을 머릿속에 실전처럼 그리면서 자연스
럽게 훈련한다.

4. 기본동작 제1단계

1) 기본1단계 "풍차돌리기기술"

이 해

실전 대련 공방술의 최상의 비술은 바로 '스피드'다. 아무리 파워가 세다고 해도 상대보다 빠르지 못한다면
제압하기 어렵다. 비록 파워는 부족하더라도 빠른 상대로부터 수십 차례 가격 당하게 된다면 당해낼 재간
이 없다. 스피드를 제대로 발휘하기 위해 '유연성'이 절대적이다. 유연성은 스피드를 일으킴과 동시 순간파
워를 일으키는 기술의 원동력이 된다고 해도 과언이 아니다. 다시 말해 주먹을 힘주어 쥐고 팔에 힘을 넣
고 공격을 한다면 팔과 어깨에 힘이 들어가 결코 스피드가 일어날 수가 없는 것이다. '풍차 돌리기 기술'은
어깨의 힘을 빼주고 팔에 유연성을 길러 스피드를 일으키는데 상당한 도움을 주는 기술이다. 무엇보다 양
팔을 접어 겹쳐 돌리다가 팔을 뻗어 주먹을 치게 되면 곧바로 주먹치는 스피드 훈련이 되기에 '풍차 돌리기
기술'을 잘 이해하고 조금만 훈련해도 많은 도움이 된다는 사실을 느끼게 될 것이다.

요 령

① 어깨와 양팔에 힘을 빼고

② 양팔을 안으로 접어 마치 팔 끼는 듯한 자세를 취한다.

③ 양팔을 앞뒤로 돌려 마치 풍차가 돌아가는 듯이 원을 그리며 최대한 속도를 내며 돌린다.

④ 주먹을 앞으로 내밀어 치는 듯이 회전시키다가 최종에는 팔을 내뻗어 주먹치기 훈련한다.

2) 기본1단계 "눌러쳐막기술"(몸통공방 1)

이 해

상대의 주먹이 들어오는 순간 더 빠른 속도로 상대의 팔뚝이나 손목을 후려쳐 막아냄과 동시 공격함으로 써 상대를 제압할 수 있다. 단, 실전에서는 손날이나 팔뚝을 이용하여 방어함을 잊지 말아야한다.

요 령

① 좌우손바닥을 펴서 그림과 같이 가슴까지 올린 후
② 몸통아래 단전부위까지 후려치듯 상대 손목이나 팔뚝을 눌러 쳐 막아낸다.
③ 상대의 공격주먹이 오른 주먹이면 왼손으로 방어, 왼 주먹이면 오른손으로 방어함을 원칙

①   ①-①   ②   ②-①

3) 기본1단계 밀어 쳐 막기술 (몸통공방 2)

이 해

양발을 벌리고 나란히 선 자세로 상대를 맞대응 할 경우에 주로 활용 한다. 눌러 쳐 막기는 상대의 주먹과 반대 손으로 방어하는 반면, 밀어쳐 막기는 상대와 동일한 방향의 손으로 막는다. 특히 공방은 자세가 중요하다. 밀어쳐 막기는 주로 자신의 대련의 자세가 양발이 평행을 이루고 있을 때 적합하다. 양발이 앞뒤로 벌려 있을 경우 밀어쳐 막기를 하다보면 허리가 뒤틀려 있기에 많은 연속공격에 대응하기는 불편함이 있다. 본 기술은 상대의 팔목 혹은 팔뚝을 상대로 손바닥으로 힘껏 밀어 칠 수가 있어 상대의 주먹공격을 몸 바깥으로 밀어내면서 방어하기에 상당한 방어 효과가 있다.

요 령

상대가 주먹으로 몸통을 공격 할 때
① 몸을 좌우측면으로 약간 비틀며 주먹을 피하는 자세를 취한다.
② 동시에 손바닥으로 상대 손목 혹은 팔뚝을 감싸 안 듯 바깥으로 밀어 쳐 막는다.
③ 상대의 왼 주먹으로 몸통을 공격하면 왼 손바닥으로 막아내고, 오른 주먹으로 공격하면 오른 주먹으로 방어함을 원칙

①   ①-①   ②   ②-①

4) 기본1단계 "손목(호미손) 접어 걷어 쳐 막기술" (몸통공방 3)

이 해

호미걷어쳐내 막기 기술은 손을 펴 손가락 끝을 모아 쥐고 손목을 접어 주먹을 걷어쳐내 막는 기술이다. 상대방이 자신보다 힘의 우위에 있어 눌러쳐 막기나 밀어쳐 막기로는 힘이 부족할 때 걷어내 막기가 유용하게 사용된다. 특히 상대가 정권으로 정면에서 일직선방향으로 몸통을 공격하기보다는 팔을 휘두르거나 주먹을 돌려치기로 들어올 때 걷어내 막는 기술에 적합하고 방어에 용이한 기술이다. 본기술을 포함에 눌러쳐 막기와 밀어쳐 막기술, 이세가지 기술만 잘 훈련하면 몸통 방어에는 확실히 보장 받을 수 있을 것이다.

비교적 팔 힘이 강한 파워 있는 상대 혹은 연속 공격에 대응 연속 방어에 사용한다. 상대 오른 주먹 공격 시 왼손, 왼 주먹 공격 시 오른손을 이용하여 같은 방법으로 방어한다.

요 령

상대가 주먹으로 몸통을 공격 할 때
① 손가락을 펴 모두 모은 모양을 취한다.
② 동시에 손목을 아래로 구부려 상대의 손목 혹은 팔뚝을 걷어 쳐내 막는다. (공격 팔이 맞닿는 순간 몸 바깥으로 걷어내듯, 마치 호미로 땅을 파 걷어내는 듯한 동작)
③ 상대가 오른 주먹으로 공격하면 왼 손, 왼 주먹으로 공격하면 오른 손으로 방어함을 원칙

①   ①-①   ②   ②-①

5) 기본1단계 "팔 들어 비틀어 막기술" (얼굴공방1)

이 해

상대가 정면보다 측면에서 갑자기 얼굴이나 머리카락을 움켜잡으려고 공격 할 때 몸을 이동하여 피하기는 곤란하다. 이때 상대 공격과 동시 팔을 들어 올려 팔뚝을 밀치어 내듯 길게 뻗어 내밀어 방어 한다. 이는 아래 그림과 같이 마치 지렛대를 이용하는 원리로 방어하는 개념이다.

요 령

상대가 주먹으로 얼굴을 공격할 때

① 몸을 좌우측면 공격방향으로 전환하면서 팔을 밀치어 내듯 길게 뻗어 올린다.

② 이때 상대의 손목보다는 팔뚝부위를 겨냥해 안에서 내뻗어 방어를 한다.

③ 상대가 오른 주먹으로 공격하면 왼팔 방어, 왼 주먹으로 공격하면 오른팔로 방어함을 원칙

①   ①-①   ②   ②-①

6) 기본1단계 "손등 팅겨쳐 막기술" (얼굴공방2)

이 해

공격보다 방어의 속도가 빨라야 한다. 상대의 주먹은 눈으로 인지하기조차 어렵고 빠르다. 그 스피드와 파워를 방어하기란 그리 쉽지가 않다. 이는 상대의 스피드를 능가하는 것이 상책이다. 상대의 주먹보다 더 빠른 속도로 후려쳐 상대의 스피드와 파워를 저하시키는 기술이다.

상대와 대련의 자세를 취하고 준비된 상태에서 상대의 공격에 대응하는 것과 아무런 예고도 없이 주먹을 날리는 것은 다르다. 손등 팅겨쳐 막기술은 손목을 접혀 그 반동을 이용해 상대 손목이나 혹은 팔목, 팔뚝을 후려쳐 막는 것이기에 상대의 주먹이 아무리 빠르다고 해도 이보다 더 빠를 수는 없을 것이다.

요 령

상대가 주먹으로 얼굴을 공격할 때

① 손목을 안으로 접었다가 다시 바깥으로 팅겨, 쳐내 듯 상대의 손목 혹은 팔뚝부분을 손등으로 후려쳐 막는다.

② 상대가 오른 주먹으로 공격하면 왼손 방어, 왼 주먹으로 공격하면 오른 손으로 방어함을 원칙

①   ①-①   ②   ②-①

7) 기본 1단계 "손바닥 밀어쳐 막기 술" (얼굴공방 3)

이 해

몸통 밀어쳐 막기와 같은 방법이다. 자세에 따라 몸통과 얼굴공방에는 다소 차이가 있음을 반드시 잊지 말아야 한다. 주로 양발을 나란히 벌린 대련 자세에서 사용하는 것이 더욱 효과적인 기술이다. 가령, 왼발이 앞에 둔 상태에서 상대의 오른 주먹을 오른손으로 방어하려면 허리 부분이 꺾어지기에 연속방어에는 한계가 있음을 간과해선 안 된다.

특히 상대의 주먹공격을 인지하여 몸의 반응을 일으킨다는 것은 많은 훈련이 필요하다. 몸의 반응과 방어의 기술이 동시에 작용해야 환경과 상황에 걸맞은 기술이 순간 찰나로 나타날 수가 있다. 무술을 전혀 배우지 못한 사람이라도 갑자기 주먹이 얼굴로 날아오면 몸을 움찔하며 팔을 들어 올려 허우적거리듯 막아내려고 하는 것은 인간의 본능이라고 본다. 본 밀어 막기 기술은 인간의 본능을 최대한 살려 내고자 만든 기법이다.

요 령

상대가 주먹으로 얼굴을 공격할 때

① 동시에 몸 좌우 측면으로 비틀어 상대 주먹을 피하는 자세를 취한다.

② 동시에 손바닥으로 상대의 손목 혹은 팔뚝을 밀어 쳐내 막는다.

③ 상대가 오른 주먹 공격하면 오른손 방어, 왼 주먹 공격하면 왼손 방어함을 원칙

①   ①-①   ②   ②-①

8) 기본 1단계 "손날 후려쳐 막기 술"

이 해

손날 후려쳐 막기는 어느 기술보다 강력하고, 연속방어와 동시 연속공격에 쉬운 기술이다. 권법에는 없어서는 안 될 절대 필요한 기술 중 하나이다. 잘 활용하면 많은 도움이 된다.

아래와 같이 좌우 같은 방법으로 상대와 공격과 방어를 번갈아 가며 공방 훈련을 한다.

요 령

상대가 얼굴이나 몸통을 공격할 때,

① 손을 펴 모아 바깥 손날로 상대의 주먹 쥔 손목 혹은 팔목을 후려쳐 막아낸다.

② 반대 손도 같은 방법으로 막고 방어한다. 상대가 오른 주먹 공격하면, 오른 손날로 방어, 왼 주먹 공격하면 왼 손날로 막고 방어함을 원칙

①   ①-①   ②   ②-①

9) 기본1단계 "손목 올려 쳐 막기술" (얼굴공방4)

이 · 해

상대가 주먹으로 얼굴을 깊게 치고 들어 올 때, 물러나기도 밀어들기도 좌우로 이동 할 기회가 없을 경우가 있다. 이때는 맞받아치는 방법이 상책일 수가 있다. 이는 방어함과 동시 일격필살과 같은 받아치는 공격술 이다. 자신과 동일하거나 신장이 큰 사람을 주로 상대할 때 방어

요 령

상대가 주먹으로 얼굴을 공격 할 때

① 동시에 몸을 움츠리며 상대의 주먹 아래로 자세를 낮춰 파고들 듯이 공방하기 좋은 자세를 갖춘다.

② 동시에 손목을 아래로 구부린 채 손목과 손등부위로 상대의 손목 혹은 팔뚝을 올려친다.

③ 상대가 오른 주먹 공격 시 왼손으로 방어, 왼 주먹 공격 시 오른 주먹으로 방어함을 원칙

①   ①-①   ②   ②-①

10) 기본1단계 "상하 연속 막기술" (얼굴 몸통 연속공방)

이 해

상대가 얼굴과 몸통을 동시에 연속 공격할 때 한 손으로 연속 막고 방어와 동시 양 주먹 연속치기 등으로 공격 수련하는 기술이다.

요 령

상대가 주먹으로 얼굴과 동시 몸통을 연속 공격할 때

① 먼저 얼굴공격에 대해 손목 혹은 팔뚝 부위를 손등 올려쳐 막고 동시 몸통공격에 대해 같은 손으로 밀어쳐 막기를 한다.

② 동시에 비튼 몸을 바로 세우며 그 반동으로 주먹 혹은 손날 등으로 공격한다.

③ 상대가 오른 주먹 공격 할 때, 왼 손 얼굴 방어와 동시 왼 손 몸통방어, 왼 주먹 공격 할 때, 오른 손 얼굴 방어 동시 몸통방어 원칙

①   ①-①   ②   ②-①

11) 기본1단계 "일자형 연속 막기술" (얼굴연속공방1)

이 해

실전에서 상대의 빠른 연속 공격에 양손으로 막아 낸다는 것은 쉽지가 않다. 양손 이용보다 한 손 이용이 한결 용이하고 빠른 공방을 이룰 수 있다. 몸자세가 한발 앞에 둔 상태를 가상 설명한다. 이에 상대의 양 주먹 연속 공격에 한 손을 이용하여 막아내는 기술이다.

무엇보다 상대의 연속 주먹공격에 대응하기 위해서는 상대의 주먹 공격 팔 안에서 방어함이 최선이 된다. 상대의 양 주먹 연속 공격 시에는 어느 주먹이 선공인지 잘 간파하고, 선공 뒤에는 반드시 후공이 따르기 마련이다. 선공을 방어한 팔을 빼내고 다른 팔로 기술을 발휘해 방어함에는 시차가 있기에 방어하기가 용이하지 않다. 그래서 방어한 팔로 연속 방어로 대응함이 가장 용이하기에 한 손 일자 막기 방어기술은 최고의 기술이라고 말할 수 있다.

요 령

상대가 주먹으로 얼굴을 연속 공격할 때,

① 손을 펴 손바닥으로 밀어 쳐 막는다.

② 막은 손을 그대로 당겨 손목을 안으로 약간 접은 채 손등으로 후려쳐 막는다.

③ 양손을 같은 방법으로 번갈아 가며 훈련한다.

④ 당기는 스피드와 힘을 이용하여 상대의 주먹을 막아내며 스피드와 힘을 저하시킨다.

⑤ 상대가 왼 주먹, 오른 주먹 순으로 얼굴 공격 할 때, 왼손 밀어쳐 막고 그대로 당겨쳐 막는다. 반대 손도 같은 방법으로 순차 연속방어함을 원칙

①   ①-①   ②   ②-①

12) 기본1단계 "역일자형 연속 막기술" (얼굴연속공방2)

이 해

상대의 주먹공격은 예측불허이다. 다만 경험과 반복된 훈련 속에 몸의 반응과 민첩성을 갖추어 놓으면 상대의 공격의도를 간파와 동시 방어와 공격이 주어지는 것이다. 역일자 막기술은 일자 막기술과 반대 순차로 대응하는 기술이다.

요 령

상대가 주먹으로 얼굴을 공격 할 때,

① 손목을 아래로 굽혀 손목 등 부위로 상대 손목 혹은 팔뚝을 후려쳐 막는다.

② 동시에 그대로 손바닥을 밀어 상대 손목 혹은 팔뚝을 밀어 쳐 막는다.

③ 반대 손을 이용하여 방어할 때 역시 같은 방법으로 방어한다.

④ 상대가 오른 주먹, 왼 주먹 얼굴 공격 할 때, 왼손 당겨쳐 막고 동시에 밀어쳐 막는 것을 원칙으로 함, 반대 손도 같은 순차 연속방법으로 방어함을 원칙

①   ①-①   ②   ②-①

13) 기본1단계 "삼각 연속 막기술" (얼굴 몸통 3연속공방1)

이 해

상대의 계속 된 연속 공격을 가상하여 훈련하는 기술이다. 한 손으로 연속 세 가지 주먹공격을 막아내는 기술이다.

요 령

상대가 얼굴과 몸통을 연속 세 차례 공격할 때,

① 손바닥으로 상대의 손목 혹은 팔뚝을 밀어 쳐 막는다.

② 동시에 그대로 당겨 손목으로 상대의 손목 혹은 팔뚝을 후려쳐 막고

③ 동시에 손바닥으로 내려 밀어 쳐 상대 손목 혹은 팔뚝막아 몸통을 방어한다.

④ 상대가 왼 주먹, 오른 주먹 얼굴공격과 왼 주먹 몸통 공격 할 때, 왼 손 밀어쳐 얼굴 막고 동시 왼 손목 접은 손 당겨 쳐 얼굴 막고 손바닥 밀어 쳐 막는 순차 방법, 반대방향도 같은 방법으로 순차 방어함을 원칙

①　　　　　　　　①-①　　　　　　　　①-②

②　　　　　　　　②-①　　　　　　　　②-②

14) 기본1단계 "역삼각 막기술" (얼굴 몸통 3연속 공방2)

이 해

상대방이 왼 주먹을 먼저 공격할지 아니면 오른 주먹을 먼저 공격 할지는 당사자 외에는 그 누구도 알아내기가 쉽지가 않다. 역삼각 막기술은 가령, "삼각 막기술"은 자신이 왼 손 방어로 대응할 경우, 상대가 왼 주먹부터 우선순위로 공격한다면, 역삼각 막기술은 상대가 오른 주먹부터 우선공격을 해올 경우를 대비해서 훈련하는 기술이다. 이는 상대가 어느 손 주먹으로 공격하느냐에 따라 방어하는 순서가 달라진다는 것으로 이해하면 된다.

요 령

상대가 주먹으로 일자 공격과 반대주먹으로 얼굴과 얼굴에 이어 몸통을 연속 공격 해 올 때,

① 손목 접어들어 후려쳐 상대 주먹 얼굴공격 막아내고

② 동시에 손바닥 밀어 쳐 상대 주먹 얼굴공격 막아내고

③ 동시에 왼 손목 접어 몸통 걷어 쳐 상대 몸통 공격 막아낸다.

④ 상대가 오른 주먹, 왼 주먹 얼굴 공격, 오른 주먹 몸통 공격 할 때, 왼손 당겨 얼굴 막고 왼손밀어 얼굴막고 왼손내려쳐 몸통막기로 방어, 반대 주먹 공격 할 때, 같은 방법으로 순차 방어함을 원칙

①   ①-①   ①-②

②   ②-①   ②-②

5. 기본동작 2단계

1. 기본 공방 동작 2단계 보법과 손동작 훈련

이 해

본 기본 공방동작 2단계 훈련은 보법 삼각 밟기를 비롯해 밀어들기, 대각선 밀어들기, 육각전환 술 기타 보법과 함께 전진과 후진이동, 좌우 이동 등 몸을 이동 움직이면서 공방하는 기술을 익히고 습득하는 것이다. 가령 고양이가 쥐를 놓고 이리저리 이동하며 요리하듯이 무술역시 움직이지 않고 제자리에서 공방하면 몸이 굳어들고 또한 상대의 움직임을 제대로 대응 제압하는데 그만큼 무디어 질 수밖에 없다. 아무리 순발력이 좋은 사람이라도 몸이 굳어 있다면, 계속 몸을 움직여 근육이 풀려 유연성이 있는 사람보다 이로울 수는 없다는 것이다.

무엇보다 무술은 전진과 후진과 좌우로 이동하는 순간에도 공방기술을 구사해야한다. 상대가 갑자기 물러나면 따라들거나 혹은 상대가 갑자기 뛰어들며 공격을 해올 경우를 막론하고, 전천후로 공방기술을 발휘해 상대를 제압하거나 방어력을 갖추어야 한다. 이러한 훈련을 위해 보법과 함께 손동작 즉 호신권법 기본공방동작을 훈련하는 것이다. 본 훈련은 유연성과 순간 스피드 발휘 능력을 기르고, 보법과 손동작의 하모니를 갖추기 위한 훈련이기에 굳이 딱딱하게 힘을 많이 주고 훈련할 필요는 전혀 없다. 본 기본 공방동작 2단계 역시 1단계와 동일하게 이미지 트레이닝을 하면서 훈련하는 기법이다. 신나는 음악과 함께 율동하듯 훈련해도 좋은 효과를 본다. 본 장에서는 보법 삼각 밟기를 통해 훈련한다.

TIP

훈련하면서 자세를 너무 완벽하게 시연할 필요는 없다. 어느 부위를 어떤 기술로 방어할 것인가를 이미지 트레이닝을 하면서 액션 훈련을 하면 족하다.

반드시 1단계 막기 자세를 익힌 후 하는 것이 효과적이다.

2. 기본공방동작 2단계 기술 훈련

보법과 손동작의 훈련방법은 동일하기에 대표적인 기술 몇 가지만 선택하여 기술한다.

1) 기본공방동작 2단계 "풍차 돌리기술"

요 령

① 보법 삼각 밟기와 함께 병행하며 천천히 혹은 빠른 동작으로 한다.

② 양팔을 겹쳐 돌리며 천천히 빨리 뛰면서 손 스피드 훈련을 한다.

2) 기본공방동작 2단계 "눌러쳐막기술" (몸통막기1)

요 령

삼각 밟기 보법과 함께 뛰면서 상대의 주먹을 눌러 쳐 막듯이 훈련한다.

3) 기본공방동작 2단계 "손목 접어(호미손) 걸어쳐 막기술" (몸통막기)

요 령

삼각 밟기 보법과 함께 손목접어 걸어쳐 막는 훈련을 한다.

4) 기본공방동작 2단계 "팔들어 비틀어 막기술" (얼굴막기)

요 령

삼각 밟기 보법과 함께 팔을 비틀어 올리며 주먹 얼굴공격 막는 훈련을 한다.

5) 기본공방동작 2단계 "손바닥 밀어쳐 막기술" (얼굴막기3)

요 령

삼각 밟기 보법과 함께 손바닥을 밀어 쳐 얼굴공격을 막는 훈련을 한다.

6) 기본공방동작 2단계 "역삼각 막기술" (얼굴연속막기)

요 령

삼각 밟기 보법과 함께 손등 팅겨쳐 막고 동시 손바닥을 밀어 쳐 막고 얼굴공격 막고 동시 손목접어 걸어쳐 연속 막기 훈련을 한다. 본 삼각 밟기는 앞발이 내딛고 거둬들일 때까지의 보법동작과 맞춰 '손등 막기'와 '손바닥 막기'와 '손목접어' 막기 3연속을 모두 동시에 시연해야한다.

① ② ③

6. 기본공방동작 3단계

손 공방 무술에서 가장 중요한 것은 스피드와 강한 팔뚝이라고 본다. 상대를 제압하기 위해서는 자신의 팔을 무기로 삼아 상대의 팔을 두들겨 패며 공격하면 약한 팔을 가진 자는 부러지기 마련이다. 기본 공방 동작은 상대방과 서로 팔을 맞부닥치며 훈련하기에 상당한 단련을 할 수가 있다. 처음엔 손과 팔이 멍이 들고 아프겠지만, 멍은 1주일가량 지나면 회복되고 이를 몇 차례 반복하여 훈련하다보면 자신도 모르는 사이 팔이 단단히 강화 되어 상대와 공방교전을 해도 크게 불편함을 느끼지 못하고 오히려 시원함 마저 느낀다.

기본공방동작 3단계는 상대방과 서로 실전 공방하면서 훈련하는 것이다. 서로 공방 교전하다보면 공격의 표적성과 방어의 감각을 익히게 된다. 기본공방 동작만 잘 훈련해도 실전공방에 많은 도움이 되리라 믿어 의심치 않는다.

본 기본공방동작 3단계 기술은 기본동작 1, 2단계에서 기술순서와 기법은 모두 설명되었기에 간단한 요령 사진 설명만 하도록 한다.

1) 기본공방동작 3단계 "눌러쳐 막기술" (몸통막기 1)

요 령

① 상대가 오른 주먹으로 몸통을 공격 할 때, 왼 손바닥으로 사진과 같은 방법으로 손바닥으로 눌러 쳐 막고 방어

② 상대가 왼 주먹으로 몸통을 공격 할 때, 왼 손바닥으로 눌러 쳐 막고 방어

①

②

2) 기본공방동작 3단계 "밀어쳐 막기술" (몸통막기 2)

요 령

① 상대가 오른 주먹으로 몸통을 공격 할 때, 오른 손바닥으로 상대 팔목이나 팔뚝을 밀어 쳐서 막고 방어

② 상대가 왼 주먹으로 몸통을 공격 할 때, 왼 손바닥으로 상대 팔목이나 팔뚝을 밀어 쳐서 막고 방어

①

②

3) 기본공방동작 3단계 "호미(손목접어)손 걷어 쳐 막기술" (몸통 3)

요 령

① 상대가 오른 주먹 옆구리 혹은 몸통을 공격 할 때, 왼 손목 접어 (호미손) 걷어 쳐내 막고 방어

② 상대가 왼 주먹 옆구리 혹은 몸통을 공격 할 때, 오른 손목 접어 (호미손) 걷어 쳐내 막고 방어

①

②

4) 기본공방동작 3단계 "팔들어 비틀어 막기" (얼굴 1)

요 령

① 상대가 오른 주먹으로 얼굴을 공격 할 때, 왼팔을 길게 비틀며 뻗어 올려 상대의 팔을 걸어 쳐 막고 방어

② 상대가 왼 주먹으로 얼굴을 공격 할 때, 오른팔을 길게 비틀며 뻗어 올려 상대의 팔을 걸어 쳐 막고 방어

①

②

5) 기본 공방동작 3단계 "손등 튕겨쳐 막기술" (얼굴 2)

요 령

① 상대가 오른 주먹으로 얼굴을 공격 할 때, 왼 손목을 안으로 접혔다가 순간 바깥으로 튕겨 쳐 내며 상대 손목으로 팔목 등을 후려 쳐 막고 방어

② 상대가 왼 주먹으로 얼굴을 공격 할 때, 오른 손목을 안으로 접었다가 순간 바깥으로 튕겨쳐 내며 상대 손목으로 팔목 등을 후려 쳐 막고 방어

6) 기본 공방동작 3단계 "손바닥 밀어 쳐 막기술"(얼굴3)

요 령

① 상대가 오른 주먹으로 얼굴을 공격 할 때, 오른 손 바닥으로 상대 손목 혹은 팔목을 밀어 쳐 막고 방어

② 상대가 왼 주먹으로 얼굴을 공격 할 때, 왼 손 바닥으로 상대 손목 혹은 팔목을 밀어 쳐 막고 방어

7) 기본 공방동작 3단계 "손날 후려쳐 막기술"

요 령

① 상대가 왼 주먹으로 얼굴을 공격 할 때, 왼 손날 상대 손목 혹은 팔목을 후려 쳐 막고 방어

② 상대가 오른 주먹으로 얼굴을 공격 할 때, 오른 손날 상대 손목 혹은 팔목을 후려 쳐 막고 방어

①

②

8) 기본 공방 동작 3단계 "손등 올려쳐 막기술"

요 령

상대가 오른 주먹 왼 주먹으로 얼굴을 공격할 때. 그림과 같이 몸 자세를 낮추어 손목을 접어 아래에서 위로 들어 올려쳐 막고 방어함과 동시에 다음 공격으로 이어져야 한다.

9) 기본 공방 동작 3단계 "일자 연속 막기술"

요 령

① 상대가 왼 주먹, 오른 주먹 순으로 얼굴을 공격 할 때, 왼 손바닥 혹은 손날로 밀어쳐 상대 손목 혹은 팔
목을 막고 동시에 그대로 당겨서 오른 주먹 상대의 손목 혹은 팔목을 후려쳐 막고 방어

② 반대 손도 같은 방법으로 막고 방어한다.

10) 기본공방동작 3단계 "역일자형 연속 막기술" (얼굴연속공방2)

요 령

① 상대가 오른 주먹, 왼 주먹 순으로 얼굴을 연속 공격 할 때,

② 왼 손목을 아래로 굽혀 손목 등으로 상대 왼 손목 혹은 팔뚝을 후려쳐 막는다.

③ 동시에 그대로 손바닥을 밀어 상대 왼 손목 혹은 팔뚝을 밀어 쳐 막는다.

④ 상대가 왼주먹 오른주먹 순으로 얼굴을 공격할 때, 왼 손목 접어 손등 후려쳐 막고 동시 손바닥 밀어쳐 왼주먹 얼굴공격 막고 방어한다.

①

①-①

②

②-①

11) 기본 공방 동작 3단계 "상하 연속 막기술"

요 령

① 상대가 오른 주먹 얼굴 공격, 왼 주먹 몸통을 공격 할 때, 왼 손목 접어 후려쳐 상대 오른 주먹 얼굴공격 막고 동시 왼 손바닥 내려쳐 상대 왼 주먹 몸통 공격 막고 방어

② 상대가 왼 주먹 얼굴 공격, 오른 주먹 몸통을 공격 할 때, 오른 손목 접어 후려쳐 상대 왼 주먹 얼굴공격 막고 동시 오른 손바닥 내려쳐 상대 오른 주먹 몸통 공격 막고 방어

①

①-①

②

②-①

12) 기본 공방 동작 3단계 "삼각 연속 막기술"

요 령

① 상대가 왼 주먹 얼굴 공격, 오른 주먹 얼굴공격, 왼 주먹 몸통 공격 할 때, 왼 손바닥 밀어쳐 상대 왼 주먹 얼굴공격 막고 동시 그대로 당겨 왼 손목 접어 후려 쳐 상대 오른 주먹 얼굴 공격 막고 동시 그대로 내려쳐 상대 왼 주먹 몸통 공격 막고 방어

② 상대가 오른 주먹 얼굴 공격, 왼 주먹 얼굴 공격, 오른 주먹 몸통 공격 할 때, 오른 손바닥 밀어 쳐 상대 오른 주먹 얼굴공격 막고 동시 그대로 당겨 오른 손목 접어 후려쳐 상대 왼 주먹 얼굴 공격 막고 동시 그대로 내려쳐 오른 주먹 몸통 공격 막고 방어

①   ①-①   ①-②

②   ②-①   ②-②

13) 기본 공방 동작 3단계 "역삼각 연속 막기술"

요 령

① 상대가 오른 주먹, 왼 주먹 얼굴공격, 오른 주먹 몸통 순으로 공격 할 때,

　왼 손목 접어 올려 쳐 상대 오른 주먹 얼굴 공격 막고 동시 왼 손바닥 밀어쳐 왼 주먹 얼굴 공격 막고 동

　시 왼 손목접어 걸어쳐 상대 오른 주먹 몸통 막고 방어

② 상대가 왼 주먹, 오른 주먹 얼굴공격, 왼 주먹 몸통 순으로 공격 할 때,

　오른 손목 접어 올려 쳐 상대 왼 주먹 얼굴공격 막고, 동시 오른 손바닥 밀어 쳐 상대 오른 주먹 얼굴공격

　막고 동시 오른 손목 접어 걸어쳐 막고 연속방어

① 　　　　　　　　　　①-① 　　　　　　　　　　①-②

② 　　　　　　　　　　②-① 　　　　　　　　　　②-②

제2장 발 하단 차기 공격

무술 실전 대결은 규칙이라는 것이 없다. 상대의 가장 취약한 부분을 공격하여 제압하면 그것으로 족하다. 대결 시 손발의 공격은 동시 혹은 연결로 이어져 공격하기에 손으로 몸통과 얼굴공격과 동시 발 공격이 뒤따라 이어져 이뤄지는 것이다. 다시 말해 손으로 몸통과 얼굴을 공격하면 상대가 몸통과 얼굴을 방어하는 순간을 이용하여 발 하단 공격으로 상대를 무너뜨려 제압하는 것을 말한다. 발 하단 공격 중 몇 가지를 소개한다.

1. 정면 발바닥 무릎밀어차 꺾기술

상대가 무릎을 정면으로 하여 발을 뻗치고 서 있을 경우에 발바닥으로 무릎을 밀어 밟아 꺾듯이 찬다. 하단 공격을 무엇보다 몸의 접근성이 중요하다. 몸의 중심을 뒤로하여 발로 차게되면 힘을 제대로 가할 수가 없다. 그래서 몸을 접근해서 무릎을 접었다가 순간 힘을 가해 발을 길게 쭉 뻗어 차는 기술이다.

2. 정면 앞무릎 발날 찍어차 꺾기술

상황과 자세에 따라 무릎꺾어차기가 달라진다. 상대 측면에서 앞발로 공격해야 할 순간에는 발바닥 보다는 발날로 위에서 찍어 내리 듯이 무릎을 접었다가 발을 길게 쭉 펴면서 내리 찍어 무릎을 공격하는 기술이다.

3. 옆 무릎 발바닥 밀어차 꺾기술

요 령

상대가 앞발을 안쪽으로 약간 비틀어 있거나 혹은 앞발을 안으로 치우쳐 자세를 잡고
있을 경우에는 바깥 옆 무릎을 밟아 상대의 무릎이 접혀지도록 밀어 밟아 차 중심을
잃게 만들어 제압하는 기술이다.

4. 발 오금 발등 후려차기

요 령

정면 혹은 상대 측면으로 치우쳐 있을 때 몸을 접근하면서 상대 앞발 오금을
발등으로 길게 후려차는 기술이다.

5. 발 오금 걸어 당겨 차 제압 하기술

상대와 밀접하게 밀착되었거나 혹은 상대의 팔과 손목을 뒤로 꺾어 제압할 때, 상대의 중심을 무너뜨리기 위해서는 팔 꺾기만 하여 제압하기는 쉽지가 않다. 실전에서는 손목이나 팔을 붙잡는 순간 상대가 힘을 가하게 되고 기회를 놓치면 힘겨루기로 맞대응하게 될 수가 있다.

요 령

손과 상체는 상대의 팔과 상체를 대응 공격하고, 동시에 상대를 붙잡은 쪽의 오금을 발뒤꿈치로 걸어 당겨 차 상대가 힘을 빼는 순간 손과 팔을 꺾어 뒤로 넘어뜨려 제압하는 기술이다.
다시 말해, 발을 걸어 미는 것이 아니라 상대오금을 발뒤꿈치로 후려차고 동시에 걸어 당기는 것이 포인트다.

제3장
호신권법 공방 타격술

호타권

호신권법 타격술 '호타권'은 용수철처럼 튕겨나가는 즉 "활탄성" 기법이다. 몸과 어깨 부분이 '활'이라면, 팔은 화살이고, 주먹은 화살촉과 같다. 활의 시위를 당겨 중간부분에서 탄성에너지가 생성되어 날아가듯 몸과 어깨를 비틀고 팔을 잡아당겼다가 튕겨 나아가듯 목표물을 향해 내치는 것이다. 이는 근접 타격 공방술에는 절대적 기술이다. 좀 더 설명을 해본다면, 무술 타격기법에는 각 무술 단체마다 추구하는 바가 다르듯이 타격술 역시 조금씩 특징이 다름을 알 수가 있다. 보통은 주먹을 내지른다고 하지만, '팔을 뻗는다.' '민다.' '밀다.' '지른다.'는 소극적 개념이다. 실전 무술에서는 '타격한다." '가격 한다.' '친다.'는 용어가 적합하다고 본다. 기존 일부 무술에서 말하는 주먹의 출발지점은 '장골릉' 즉 골반의 상면부위인 옆구리 맨 하단 맞닿는 골반뼈 부분에다 주먹을 놓고 앞으로 밀어 지르는 것을 시발점으로 주로 이용하고 있다. 그러나 '호타권' 타격 주먹치기 기법은 기 흐름과 몸의 탄력성을 이용한 기법이다. 인체의 기는 인체 내에 생성 잔류하며 흐르는 '체내기'가 있고, 몸을 감싸고 신체 외각으로 흐르고 있는 '체외기'가 있는 것이다. 신체 외각에 흐르고 있는 체외기 중 옆구리 즉 아래로는 장골릉 골반 상면 뼈 부분을 시작으로 위로는 겨드랑이 부분까지 상하로 순환하며 흐르고 있는 옆구리 체외기를 바탕으로 하고, 동시에 활시위를 당겨 탄성에너지를 만들어 용수철처럼 튕겨져 나아가도록 하는 "활탄성 기법"이다. 이는 많은 훈련을 필요로 하고 있지만, 열심히 수련하면 이룰 수 있다.

1. 수련방법

이 해

호타권은 계단을 한 계단씩 올라가며 훈련을 하듯 1단계부터 단계별로 손놀림을 수련하는 훈련기술이다. 타격술은 몸에서 반응하는 움직임에 맞춰 훈련해야한다. 이는 단거리 선수가 달리기를 할 때 발만 뛸 수 없고, 복싱선수가 팔만 내 뻗을 수 없듯이, 몸과 발과 손이 함께 움직여 줘야만 제대로 된 타격술을 구사할 수가 있는 것이다. 아무리 초보라고 하더라도 호타권 1단계부터 5단계까지만 훈련해도 타격술로써는 손색이 없는 타격기술을 습득하리라고 본다.

① 정권과 손날 혹은 편 손끝과 팔꿈치 등 사용가능한 부위를 모두 이용하여 몸통과 얼굴, 턱, 목을 번갈아 가며 타격 수련한다.
② 몸을 움 추렸다가 펴듯이 어깨와 허리부분 근육을 비틀고 동시 어깨를 길게 혹은 짧게 밀어 넣고 동시 팔을 길게 쭉 밀어치거나 혹은 짧게 찔렀다가 빼내듯 끊어 친다. (좌, 우 번갈아 가며)
③ 몸은 짧게 길게 전면 혹은 사이드로 밀어들고 물러나기를 반복하며 타격, 명치, 옆구리, 얼굴, 목, 관자놀이 등을 목표로 삼아 타격 훈련을 한다. 상대의 공격에 대응하는 받아치기를 제외한 방어는 몸을 움

츠리거나 짧게 물러나며 상대의 힘을 빼는 기술과 달리 공격시에는 몸이 밀어들거나 몸을 비틀어 힘을 발산하는 기법을 이용해야한다.

④ 각기술은 상대와 함께 혹은 상대 없이 혼자 일공타부터 단계별로 수를 늘려가며 수련한다.

2. 호타권 기술

1) 제1술 일공타 "얼굴정면 단발 찔러 치기"

이 해

타격술에는 수십 번을 치고받는 공방을 한다고 해도 결국에는 한방이다. 한방 한방이 쌓여 수십타가 되는 것이다. 또한, 누가 선방으로 가격 하는가 혹은 누가 마지막 일격을 가해 결정타 한방을 날리는가에 상대를 제압하고 자신이 제압을 당하는 기로에 서게 된다는 것이다. 무술은 최고 고수의 대결이다. 자신보다 약한 자와 대결해놓고 뽐내봐야 별 영광스러움이 없다. 항상 자신보다 강한 최고의 고수와 대련한다는 가정 하에 무술을 연마하고 기술을 배우고 익히고 습득해 두어야 한다는 것이다.

(각 1수씩 얼굴 몸통을 번갈아가며 단발로 길게 찔러 치거나 끊어 친다.)

요 령

① 왼 주먹 얼굴치기

② 오른 주먹 얼굴치기

2) 제2술 이공타

이 해

몸통과 얼굴, 목을 번갈아가며 2수 동시 연속치기를 한다. 이때, 먼저 친 주먹이 목표물에 도달하여 타격함과 동시 다른 주먹이 뒤따라 가격한다. 가령, 왼 주먹이 찔러 들어 갈 때, 동시에 오른 주먹이 뒤따라 바로 찔러 들어가야 하고, 왼 주먹이 표적을 가격하고 빼냄과 동시 오른 주먹이 거의 시차 없이 가격해야 제대로 된 스피드 연속 공격이 이뤄지는 것이다.

요 령

2-1) 왼 주먹, 오른 주먹 얼굴 연속치기   2-2) 오른 주먹 몸통 동시 왼 주먹 얼굴치기

2-3) 왼 등주먹, 오른 등주먹 얼굴연속치기

TIP 뻗은 손을 겨드랑이 아래로 끌어 당기면서 주먹바닥이 위를 향하게 뒤집어 어깨위로 돌려 올림과 동시 그대로 아래로 내리치듯 상대 얼굴을 향해 등주먹으로 내리 찍어 친다.

4) 제4술 사공타

몸통과 얼굴, 목을 번갈아가며 4수 동시 연속치기

4-1) 왼 주먹 몸통치기 동시 오른 주먹 몸통치기

동시 왼 주먹 얼굴치기 동시 오른 주먹 얼굴치기

TIP 양주먹 몸통연속 치고 최대한 주먹을 빼냄과 동시 스피드하게 얼굴 연속 친다.

①　　　　　　②　　　　　　③　　　　　　④

4-2) 왼 주먹 옆구리돌려치기 동시 왼 주먹 얼굴 돌려 치고, 동시 오른 주먹 옆구리 돌려치고 동시 오른 주먹 얼굴 돌려치기

아래 좌 사진 같은 방법으로 몸통과 얼굴을 돌려 치고 동시 우 사진과 같은 방법으로 몸통과 얼굴을 돌려 치기한다.

TIP 몸이 근접했거나 밀착했을 때, 공격하는 기법으로 옆구리를 칠 때 허리를 안으로 비틀었다가 동시에 허리를 바깥으로 팅겨 내듯 비틀어 주먹을 뺌과 동시 허리를 안으로 다시 비틀고 동시에 주먹으로 얼굴을 친다. 이때 팔을 짧게 뻗어 주먹을 끊어 친다.

① ② ③

① ② ③

4-3) 오른팔꿈치 얼굴 돌려치기 동시 왼팔꿈치 얼굴돌려치기 동시 오른팔꿈치 얼굴 올려치기 동시 왼팔꿈치 얼굴 올려치기

TIP 팔꿈치 몸통 혹은 얼굴 돌려치기와 얼굴올려치기는 위력적이다. 다만, 몸을 상대에게 밀착하듯 접근함과 동시 상체를 상대에게 깊게 밀어들며 팔꿈치를 길게 뻗어 가격해야 한다. 가능하면 주먹과 손날 공격과 병행하며 구사해야 성공확률이 높은 기술이다.

①   ②   ③   ④

4-4) 오른주먹 얼굴치기 왼주먹얼굴치기 오른주먹 턱올려치기 왼주먹턱 올려치기
(사공타 주먹얼굴치고 턱올려치기)

TIP 오른주먹 왼주먹을 깊게 쭉뻗어 얼굴을 빠르게 연속치고 동시 몸 접근하며 오른주먹 왼주먹 턱올려치기를 한다. 물론 순서는 상관없다. 훈련을 위해 순서를 정함이다.

①   ②   ③   ④

4-5) 오른손날 왼손날 팔목 막고 밀어 목치기

TIP 주먹 얼굴공격에 대해 몸을 좌우로 약간 비틀어 피함과 동시 손날로 후려쳐내 막는다. 동시 몸을 깊게 밀어들며 비튼 몸을 역방향으로 되돌려 비틈과 동시 비트는 탄력을 이용 힘을 가하며 팔을 길게 내뻗어 상대의 좌우 목을 후려친다.

① ② ③ ④

4-6) 오른 손날 목 치기 동시 왼 손날 목 치기 동시 오른 편 손끝 목 찌르기 동시 왼 편 손끝 목 찌르기 (호타권 사공타 목치고 목찌르기 −4개)

TIP 발과 허리를 이용해 몸을 비틀어 손날로 목을 후려치고 동시에 팔을 최대한 길고 깊게 뻗어 눈과 목 부위를 찔러 넣어 공격하여야 한다.

① ② ③ ④

4-7) 왼 주먹몸통치고 오른 주먹 몸통치고 왼 등주먹얼굴치기 오른 등주먹 얼굴치기

TIP 주먹 몸통치기는 잽을 날리듯 가볍게 치고 실재는 얼굴 등주먹치기에 중점을 두어야 한다. 이는 상대 방어의 혼선을 주어 얼굴 공격을 원활히 하기 위함이다.

①   ②

③   ④

4-8) 제5술 사공타 "팔꿈치 안면치고 턱올려치기" (사공타팔굽치기-8개)

이 해

팔꿈치를 이용한 공격은 어느 타격보다 위력이 우수하다. 다만 공격의 정확성은 떨어진다. 이는 거리조절이 절대적이기 때문이다. 상대의 팔의 방어벽을 뚫고 밀어들어 가슴이나 안면이나 턱을 가격해야하기에 반격의 위험도 만만치 않을 뿐 만 아니라 팔꿈치의 짧은 길이로 상대의 신체를 가격해야하기에 상대가 상체만 뒤로 젖혀도 맞추기가 어렵다는 것이다. 그러나 다른 기술로 어느 정도 제압하였거나 아니면, 몸을 파고들어 기회가 주어지면 엄청난 타격을 주기에 상대의 두려움을 사기엔 충분하다.

① ② ③ ④

5) 제5술 오공타

옆구리, 얼굴을 번갈아 가며 5수 동시 연속치기를 한다. 오공타 훈련은 타동작보다 보법을 제대로 움직여 뛰면서 최대한 스피드로 훈련해야 제대로 된 액션 효과를 볼 수가 있다. 좌우 양손 주먹의 시작은 명치부터 얼굴과 옆구리 타격순으로 한다.

5-1) 왼 주먹 명치치기 동시 오른 주먹 상대 왼 얼굴치기 동시 왼 주먹 상대 오른 옆구리치기 동시 오른 주먹 상대 왼 옆구리치기 동시 왼 주먹 상대 오른 얼굴치기 같은 방법으로 좌우를 번갈아가며 연속 훈련을 한다.

(좌)　①　　　　　②　　　　　③　　　　　④　　　　　⑤

(우)　①　　　　　②　　　　　③　　　　　④　　　　　⑤

5-2) 오공타 실전 공방 훈련

요 령

아래와 같이 좌우 동일한 방법으로 상대와 공격과 방어를 번갈아가며 공방 훈련을 한다.

① 상대가 오른주먹으로 몸통을 공격하면 오른 손바닥 혹은 손날로 밀어쳐 막는다.

② 상대가 왼주먹으로 얼굴을 공격하면 왼손바닥으로 상대의 손목 혹은 팔목을 밀어쳐 막는다.

③ 상대가 오른주먹으로 얼굴을 공격하면 오른 손바닥으로 밀어쳐 막는다.

④ 상대가 왼주먹으로 옆구리를 공격하면 왼 손바닥으로 밀어쳐 막는다.

⑤ 상대가 오른주먹으로 옆구리 공격하면 오른 손바닥으로 밀어쳐 막는다.

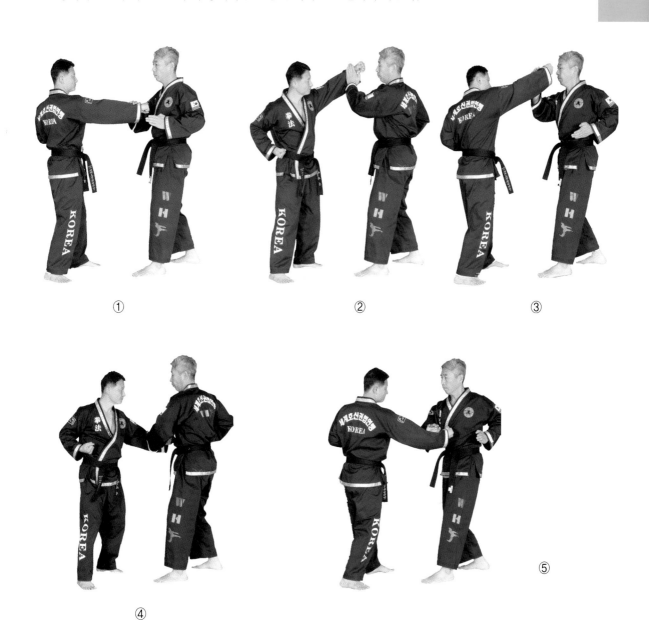

① ② ③

④ ⑤

6) 팔꿈치 칠연타 (호타권 팔굽칠연타21)

이 해

팔꿈치 공격은 상대가 일부 제압이 되었거나 혹은 파고들어 몸의 밀착 되었을 때의 위력 타격 기술이다.
팔꿈치 칠연타는 전후, 좌우, 상하의 신체구조에 따른 팔꿈치 일곱 가지 기술을 의미 한다. 순서대로 훈련
한다.

① 팔꿈치 턱 올려치기　　② 팔꿈치 뒤치기　③ 팔꿈치 안면치기

④ 팔꿈치 옆치기　　　　⑤ 팔꿈치 가슴 찍어 치기

⑥ 팔꿈치 얼굴 뒤돌려치기　⑦ 팔꿈치 목 내리찍어 치기

6-1)

6-2) 팔꿈치 칠연타 공방시연 (호타권 팔굽칠연타21)

칠연타를 시연하면 사진 배열과 같은 모습이 된다.

① ② ③ ④ ⑤ ⑥ ⑦

제4장 연공타권

제1절 연공타권

연공타권은 연속 공방 타격의 기술이다. 무술의 수련에는 상대가 있는 것처럼 머릿속에서 가상의 상대의 움직임을 그려 놓고 혼자 훈련하는 이미지 트레이닝(image training)이 있는 반면, 실제로 상대와 맞대결 하면서 훈련하는 기법이 있다. 연공권은 가능하면 실존 상대와 직접 몸을 접하면서 방어와 공격 훈련을 해야 효과를 본다. 특히 연공권의 수련기법은 상대의 공격을 제압하는 반면 더욱 빠르게 공격함으로써 상대는 방어치 못하게 하는 기술이다.

TIP : 상대자 모두 몸과 주먹간격의 거리로 마주선다. 익숙해지면 몸의 반사 훈련을 위해 더욱 가까이 근접하여 훈련한다.

1. 제1술 일방일타술

이 해

일방 일타는 한번 방어와 동시 한번 공격함으로 상대를 제압한다는 기술이다.
상대가 공격하는 순간 방어와 동시 더욱 빠르게 공격하여 상대가 연속 공격을 하지 못하게 기회를 부여하지 않는 스피드공방 기술이다. 이는 상대의 몸통이나 얼굴 공격에 대응하는 기법은 동일하다.

요 령

① 상대가 오른 주먹, 왼 주먹으로 몸통을 연속 공격 해 올 때
② 동시에 왼 손 바닥으로 눌러 쳐 막기
③ 동시에 오른 어깨에 힘을 빼고 주먹을 깊고 길게 찔러 넣듯 최대한 빠르게 친다.
④ 동시에 공격한 오른 손을 안으로 당기면서 상대의 왼 주먹 공격을 막아내며 동시에 왼 주먹으로 길게 몸통과 얼굴을 치며 공격한다.
⑤ 이때 가격한 주먹이 잠시라도 머물게 해서는 안 된다. 치고 빠지듯 빼내라는 것이다. 이는 즉 막고 치고, 공격한 팔을 당기면서 다른 주먹공격을 막아내고 재차 다른 주먹으로 공격하는 훈련이다. 단 한 동작, 한 동작을 정확하게 방어와 공격을 반복 훈련한다.

(오른손 방어와 동시 왼주먹 치기)

(왼손 방어와 동시 오른주먹 치기)

2. 제2술 이방이타술

이 해

이방이타의 기술역시 상대방의 연속 공격에 연속 방어함과 동시 연속 공격으로 제압하는 기술이다. 이는 연속방어 시에는 손바닥 혹은 손날로 방어하고 공격 시에는 주먹 정권이나 혹은 손날, 등주먹 등으로 변화를 주는 손의 적응력을 기르는 반면 스피드 공방 훈련기술이다. 반복된 훈련을 하게 되면 공방의 진정한 의미를 깨달게 될 것이다.

요 령

– 선제 공격자

① 왼 주먹 몸통치기 공격

② 동시 오른 주먹 몸통치기 공격

③ 동시 왼 손바닥 눌러 쳐 막기 방어 (상대 오른 주먹 몸통치기 막기)

④ 동시 오른 손바닥 눌러 쳐 막기 방어 (상대 왼 주먹 몸통치기 막기)

– 방어적 공격자

① 동시 오른 손바닥 눌러 쳐 막기 방어 (상대 왼 주먹 몸통치기 막기)

② 동시 왼 손바닥 눌러 쳐 막기 방어 (상대 오른 주먹 몸통치기 막기)

③ 동시 오른 주먹 몸통치기 공격

④ 동시 왼 주먹 몸통치기 공격

TIP : 최초 공격자 역시 왼 손바닥 눌러 쳐 막고 동시 오른 손바닥으로 눌러 쳐 막고 재차 왼 주먹 오른 주먹으로 몸통을 공격한다. 방어자는 같은 방법으로 연속막기와 동시 연속공격을 하는 등으로 어느 일방이 멈추거나 패할 때까지 계속 멈추지 않고 반복 훈련한다.

①

②

③

④

⑤

⑥

⑦

⑧

4. 제4술 엑스(X)사방사타술 (양손)

엑스 사방사타는 일반 사방사타보다 공방기술이 한층 업그레이드 된 기술이다. 일반 사방사타는 몸을 바로 세운 고정된 자세로 정해진 부위인 몸통 두 번, 얼굴 두 번의 공방을 주고 받는 반면, 엑스사방사타는 자세를 움츠리며 옆으로 비틀어 옆구리를 가격하는 동작으로 옆구리와 얼굴, 얼굴과 옆구리를 번갈아 가면 공격과 방어를 하는 난이도가 있는 기술이다.

처음에는 고정된 자세로 훈련하다가 숙련되면 몸을 움직이며 실전처럼 훈련하면 된다.

요 령

① 양발 벌리고 편한 자세로 선다.

② 제3술 사방사타의 공방순서와 동일하다.

③ 최초 공격자가 오른 주먹 얼굴치기 동시에 왼 주먹 옆구리치기 동시 오른 주먹 옆구리치기 동시 왼 주먹 얼굴치기

④ 방어자는 오른 손바닥 밀어 쳐 얼굴막기 동시 왼 손바닥 내려 밀어 쳐 옆구리 막기 동시 오른손 내려쳐 옆구리 막기 동시 왼손 올려 밀어 쳐 얼굴막기

⑤ 방어자의 역공격은 오른 주먹 옆구리치기 동시 왼 주먹 얼굴 올려치기 동시 오른 주먹 얼굴 치기 동시 왼 주먹 옆구리 치기

⑥ 역시 같은 방법으로 방어와 공격을 번갈아 가며 훈련한다.

①

②

③

④

⑤

⑥

⑦

⑧

5. 제6술 손날 외사방사타술

이 해

"외사방사타술"은 외손 (한손)으로 상대의 공격을 막아내 방어함과 동시 외손 및 양손으로 공격하는 기술을 훈련하는 것이다. 상대가 예고 없이 밀고 들어오며 연속 공격을 할 때 양손을 동시에 사용하여 방어하기 보다는 외손으로 방어하는 것이 용이 할 때가 많다. 이에 외사방 사타술은 상대의 4번이상의 공격을 외손으로 방어하고 공격자와 같은 방법으로 공격하는 공방 훈련 기술이다. 위 제3술 사방사타와 같은 방법으로 공방 훈련한다.

요 령

① 공격자 왼 주먹 얼굴치기 동시 오른 주먹 얼굴치기 동시 왼 주먹 몸통치기 동시 오른 주먹 몸통치기로 연속 공격 할 때

② 왼발 앞 대련자세로 단발(짧게)로 물러나며 왼 손날 밀어 쳐 상대 왼 주먹 얼굴공격 막고 동시 왼 손날 엎어 쳐 상대 오른 주먹 얼굴공격 막고 동시 왼 손날 밀어 쳐 상대 왼 주먹 몸통치기 막고 동시 왼 손날 당겨 쳐 상대 오른 주먹 몸통공격 막기 방어

③ 동시 방어자 오른 주먹 얼굴치기 동시 왼 주먹 얼굴치기 동시 오른 주먹 몸통치기 동시 왼 주먹 몸통치기 공격

④ 동시 최초 공격자는 방어자의 방어하는 방법으로 외손으로 방어와 동시 같은 방법으로 공격한다. 이를 반복 수련한다.

①

②

③

④

제1절 단격도

1. 단격도술

이 해

단격도 타격술은 상대의 주먹공격에 대응해서 순간적으로 스피드 연속 공격을 가하여 공격할 기회를 부여하지 않고 밀어들며 제압하는 타격 훈련술이다.

요 령

상대가 오른 주먹으로 얼굴을 가격 공격 할 때

① 왼 손날 들어 올려쳐 상대 오른 주먹을 막아냄과 동시 오른 주먹 몸통을 가격한다.

② 동시에 왼팔꿈치 가슴치기

③ 동시에 오른발 상대 무릎 밟아 차기

④ 동시에 오른팔꿈치 얼굴치기

⑤ 동시에 오른 등주먹 얼굴치기

⑥ 동시에 왼 손바닥 상대 왼 경동맥 후려치고 동시에 목을 움켜쥐고 아래로 누른다.

⑦ 동시에 오른 손날 높이 들어 올려 상대 왼 목 경동맥을 후려친다.

⑧ 동시에 양손 머리를 붙잡고 오른 무릎올려쳐 상대턱을 가격하여 제압한다.

2. 실전공방 훈련

요 령

아래 사진순서와 같이 단계별로 혼자 및 표적상대를 두고 훈련을 한다.

①

②

③

④

⑤

⑥

⑦

⑧

제2절 발권도 공방술

발권도는 발과 손을 동시에 사용하는 공방술을 말한다. 대다수 발을 잘 사용하는 자는 손기술이 부족하고 손기술이 좋은 사람은 발기술이 부족함을 볼 수가 있다. 발권도는 발을 사용하면서 몸이 근접했을 경우에 손을 사용하는 기술과 상대의 발 공격에 방어함과 동시 손기술로 상대를 역 공격 쌍방 공방술을 훈련하는 기술이다. 선제공격자가 갖는 공방의수와 방어적 공격자가 갖는 수를 합한 수를 여기서 공방의 수라고 말한다. 약속된 공방술은 쌍방이 모두 알고 있어야 공방이 이뤄지기 때문이다. 무술를 모르는 초보자라도 발권도를 습득 훈련하여 능숙하게 구사하게 되면 공방술에 상당한 수준에 도달함을 알 수가 있다.
(발을 먼저 공격하는 자를 선제공격자, 방어를 먼저 하는 자를 방어적 공격자로 구분)

실전공방 훈련

다음 사진 순서와 같이 1형부터 공격과 방어를 교체해가며 단계별로 스스로 훈련 및 상대와 공방 훈련을 한다. (숙련되면 스피드를 올려 공방속도를 높혀 실전구사 훈련을 한다.)

1) 발권1형 (몸통 공방수)

선제 공격자

① 오른발 몸통차고 한걸음 내딛는다. 공격

② 동시 왼 손바닥 눌러 쳐 몸통막기 (상대 오른 주먹 몸통공격 방어)

③ 동시 오른 손바닥 눌러 쳐 몸통막기 (상대 왼 주먹 몸통공격 방어)

방어적 공격자

① 왼발을 한걸음 뒤로 물러 내딛는다. 왼 손날 내려쳐 몸통막기 (상대 오른발 몸통차기 방어)

② 오른 주먹 몸통치기 공격

③ 왼 주먹 몸통치기 공격

준비

①

②

③

2) 발권 2형 (얼굴 공방수)

선제 공격자

① 오른발 몸통차고 발 한 걸음 전진 대딛는다. 공격

② 오른 손날 후려쳐 왼 얼굴막기 (상대 오른 주먹 얼굴치기 방어)

③ 왼 손날 후려쳐 오른 얼굴막기 (상대 왼 주먹 얼굴치기 방어)

방어적 공격자

① 발 한 걸음 뒤로 물러 내딛고, 왼 손날 내려쳐 몸통막기 방어 (상대 오른발 몸통차기 방어)

② 동시 오른 주먹 얼굴치기 공격

③ 동시 왼 주먹 얼굴치기 공격

준비

①

②

③

3) 발권 3형 (손날목수)

선제 공격자

① 오른발 몸통차고 발 한 걸음 전진 대딛는다. 공격

② 동시 왼 손바닥 눌러 쳐 막기 방어 (상대 오른 주먹 몸통치기 방어)

③ 동시 오른 손날 목 후려치기 공격

방어적 공격자

① 왼발 한걸음 뒤로 물러 내딛는다. 왼 손등 튕겨 쳐 몸통막기 (상대 오른발 몸통차기 방어)

② 동시 오른 주먹 몸통치기 공격

③ 동시 왼 손날 올려쳐 목 막기 방어 (상대 오른 손날 목 치기 방어)

준비

①

②

③

4) 발권 4형 (옆구리 얼굴 돌려치기수)

선제 공격자

① 오른발 몸통차고 발 한 걸음 전진 대딛는다. 공격
② 동시 왼 손바닥 눌러 쳐 몸통막기 방어 (상대 오른 주먹 몸통치기 방어)
③ 동시 오른 손날 올려쳐 얼굴 걷어 막기 방어 (상대 왼 주먹 얼굴치기 방어)

방어적 공격자

① 발 한 걸음 뒤로 물러 내딛는다. 왼 손날 내려쳐 몸통막기 방어 (상대 오른발 몸통차기 방어)
② 동시 오른 주먹 몸통치기 공격
③ 동시 왼 주먹 얼굴 휘둘러 치기 공격

준비

①

②

③

5) 발권 5형 (유인수)

선제 공격자

① 오른발 몸통차고 발 한 걸음 전진 대딛는다. 공격

② 동시 왼 손바닥 눌러 쳐 막기 방어 (상대 오른 주먹 몸통치기 방어)

③ 동시 오른 손날 목 후려치기 공격

④ 동시 왼손 상대 손목 잡기 공격 (상대 왼 손날 들어 막은 손등 위에서 잡기)

⑤ 동시 오른 손 상대 팔굽 아래서 위로 잡기 동시에 앞으로 꺾어 제압한다.

방어적 공격자

① 발 한 걸음 뒤로 물러 내딛는다. 왼 손날 내려쳐 몸통막기 방어 (상대 오른발 몸통차기 방어)

② 동시 오른 주먹 몸통치기 공격

③ 동시 왼 손날 올려쳐 목 막기 방어 (상대 오른 손날 목 치기 방어)

④ 손목과 팔굽 잡혀 꺾기 제압당하기

준비

①

②

③

④

⑤

⑤－①

6) 발권 6형 (역공수)

선제 공격자

① 오른발 몸통차고 발 한 걸음 전진 대딛는다. 공격

② 동시 왼 손바닥 눌러 쳐 막기 방어 (상대 오른 주먹 몸통치기 방어)

③ 동시 오른 손날 목 후려치기 공격

④ 동시 왼손 상대 손목 잡히기

⑤ 동시 오른손 손목 잡히기

방어적 공격자

① 발 한 걸음 뒤로 물러 내딛는다. 왼 손날 내려쳐 몸통막기 방어 (상대 오른발 몸통차기 방어)

② 동시 오른 주먹 몸통치기 공격

③ 동시 왼 손날 올려쳐 목 막기 방어 (상대 오른 손날 목 치기 방어)

④ 동시 왼발 그대로 한걸음 밀어들고 동시 막은 왼 손날 그대로 밀어 올리며 상대 손목을 움켜잡는다.

⑤ 동시 오른 손 상대 팔굽 아래서 위로 올려 잡는다.

⑥ 동시 양손에 힘주어 팔을 뒤로 꺾어 제압한다.

준비

①

②

③

④

⑤

⑥

⑥-①

7) 발권 7형 (손날공방수)

선제 공격자

① 오른발 몸통차고 발 한 걸음 전진 내딛는다. 공격

② 동시 왼 손 바닥 눌러 쳐 몸통막기 방어 (방어자의 오른 주먹 몸통공격 방어)

③ 동시 오른 손날 목치기 공격 (상대 왼 목 경동맥 공격)

④ 동시 왼 손날 올려쳐 목 막기 방어 (방어자의 오른 손날 왼 목 치기 공격 방어)

방어적 공격자

① 발 한 걸음 뒤로 물러 내딛는다. 왼 손날 내려쳐 몸통막기 방어 (상대 오른발 몸통차기 방어)

② 동시 오른 주먹 몸통치기 공격

③ 동시 왼 손날 올려쳐 목 막기 방어 (공격자의 오른 손날 목치기 공격 방어)

④ 동시 오른 손날 목치기 공격

준비

①

②

③

④

8) 발권 8형 (사방사타 공방수)

선제 공격자

① 오른발 몸통차고 발한걸음 전진 대딛는다. 공격

② 오른 손날 밀어 쳐 몸통막기 방어 (상대 오른 주먹 몸통치기 막기)

③ 왼 손날 밀어 쳐 몸통막기 방어 (상대 왼 주먹 몸통치기 막기)

④ 오른 손날 밀어 쳐 얼굴막기 방어 (상대 오른 주먹 얼굴치기 막기)

⑤ 왼 손바닥 밀어 쳐 몸통막기 방어 (상대 왼 주먹 얼굴치기 막기)

방어적 공격자

① 발한걸음 뒤로 물러 내딛는다. 왼 손날 내려쳐 몸통막기 방어 (상대 오른발 몸통차기 방어)

② 동시 오른 주먹 몸통치기 공격

③ 동시 왼 주먹 몸통치기 공격

④ 동시 오른 주먹 얼굴치기 공격

⑤ 동시 왼 주먹 얼굴치기 공격

준비   ①   ②

③   ④   ⑤

9) 발권 9형 (팔뚝내림수)

선제 공격자

① 오른발 몸통차고 발 한 걸음 전진 대딛는다. 공격

② 동시 오른 주먹 얼굴치기 공격

③ 동시 왼 주먹 얼굴치기 공격

④ 동시 왼팔목 당겨 내려쳐 몸통막기 방어 (상대 오른 주먹 몸통치기 막기)

방어적 공격자

① 발 한 걸음 뒤로 물러 내딛는다. 왼 손날 내려쳐 몸통막기 방어 (상대오른발 몸통차기방어)

② 동시 왼 손날 그대로 올려쳐 왼 얼굴막기 방어 (상대 오른 주먹 얼굴치기 막기)

③ 동시 왼 손날 후려 쳐 오른 얼굴막기 방어 (상대 왼 주먹 얼굴치기 막기)

④ 동시 오른 주먹 몸통치기 공격

준비   ①   ②

③   ④   ⑤

10) 발권 이십사수 (목 틀어 꺾어 제압술) (발권24타)

선제 공격자 (공격자 제압술)

① 오른발 몸통차기 공격

② 동시 왼 손바닥 눌러 쳐 막기 방어 (방어자의 오른 주먹 몸통치기 공격 방어)

③ 동시 오른 손바닥 눌러 쳐 막기 방어 (방어자의 왼 주먹 몸통치기 공격 방어)

④ 동시 왼 손날 올려쳐 목 막기 방어 (방어자의 오른 손날 목 치기 공격 방어)

⑤ 동시 오른 손날 목치기 공격

⑥ 동시 왼 손날 눌러 쳐 막기 방어 (상대 오른 주먹 몸통치기 막기)

⑦ 동시 왼 손날 올려쳐 오른 얼굴막기 방어 (상대 왼 주먹 얼굴치기 막기)

⑧ 동시 오른 손날 후려쳐 왼 얼굴막기 방어 (상대 오른 주먹 얼굴치기 막기)

⑨ 동시 오른 손날 그대로 밀어 목 치기 공격 동시 왼손 상대 오른 주먹 손목 걸어 잡기

⑩ 동시 몸 밀어들며 양손 상대 어깨와 뒷덜미 잡고 아래로 당김과 동시 오른 무릎 가슴 올려치기 공격

⑪ 동시 오른손 우측면 턱을 붙잡고 왼 손 뒷머리 붙잡고 동시에 좌측 뒤로 비틀어 돌려 꺾는다.
　　공격 (이때 오른발 상대좌측면으로 한걸음 내딛고 몸 이동)

⑫ 동시 상대 목을 비틀어 뒤로 틀어 꺾어 잡는다. 동시 오른 손날 상대 목 경동맥 후려쳐 제압하기

방어적 공격자

① 왼 손날 내려쳐 몸통막기 방어 (상대 오른발 몸통차기 막기)

② 동시 오른 주먹 몸통치기 공격

③ 동시 왼 주먹 몸통치기 공격

④ 동시 오른 손날 목 치기 공격

⑤ 동시 왼 손날 올려쳐 목 막기 방어 (상대 오른 손날 목 치기 막기)

⑥ 동시 오른 주먹 몸통치기 공격

⑦ 동시 왼 주먹 얼굴치기 공격

⑧ 동시 오른 주먹 얼굴치기 공격

⑨ 동시 왼 손날 밀어 쳐 오른 목 막기 방어 (상대 손날 오른 목밀어치기 막기)

⑩ 동시 오른 어깨와 뒷덜미 잡히고 상체 아래로 굽히기(상대 오른 무릎 올려치기 막기)

⑪ 동시 왼팔뚝 아래 눌러 막기 방어

⑫ 동시 턱 붙잡히고 목 뒤로 좌측으로 비틀려 제압당하기 (상대 턱 잡고 뒤로 비틀어 꺾기)

① ② ③ ④ ⑤

제6장 단격도 · 발권도 123

⑥　　　　　　　　　⑦

⑧　　　　　　　　　⑨

⑩　　　　　　　　　⑪

⑫

⑫-①

⑫-②

⑫-③

실전 종합 제압술

무술은 자신을 보호하면 호신술이고
타인을 보호하면 경호술이고
상대를 제압, 신체를 구속하면 체포호신술이다.

제7장
실전 호신 경호 체포 제압술

공방 순간 제압술

1. 이해

무술은 결국 자신을 보호하고, 타인을 보호하고, 상대를 제압하여 구속하는 것으로 나뉜다. 같은 무술을 구사함에 자신만을 보호하는 것은 호신 무술이고, 요인이나 혹은 가족 등 타인을 보호하는 것은 경호 무술이고, 검찰, 경찰, 교도관, 정보기관 기타 공공기관에서 사용하면 체포 무술이다. 호신술이나 경호술, 체포술의 각 개념은 다소 다름을 알 수 있다. 호신술은 자신을 방어하는 개념이고, 반면, 경호술은 무술로만 이뤄지는 것이 아니라 포괄적인 의미로 사전 예방과 사후 대응조치 등 팀의 작전이 따른다. 체포술은 호신과 경호와 동시에 위해자의 신체를 구속하여 항거 불능상태를 만들어 맨손 혹은 포승줄이나 수갑을 채워 연행하는 과정이 필요하기에 전문적인 기술을 필요로 한다. 위해자로부터 자신을 보호하고 상대를 제압하는 과정은 차이가 없다.

특히 경호술에는 요인을 경호함에 자신의 목숨을 희생하면서 보호하는 것을 목표로 삼는다. 경우에 따라 경호요원 역시 자신 보호가 중요하다. 이는 경호요원 자신이 먼저 희생당하면 요인 역시 보호를 받을 길이 없기 때문이다. 이에 호신술과 경호술은 따로 분리할 수 없는 불가분의 관계이다.

무엇보다 실전 제압술을 구사함에 있어 어설프게 구사하다가는 오히려 역공을 당해 자신이 당할 수 있음에 주의해야한다. 모든 무술 기술에는 양면성이 있다 공격적으로 상대를 붙잡고 공격할 때를 맞춰 동시에 방어자로부터 역공을 당할 수가 있다. 특히 손목과 팔꿈치 등의 관절부위를 꺾는 기술은 제압술에 없어서는 안 되는 부분이지만, 더욱 주의하여 구사해야한다. 무엇보다 관절 꺾기기술은 제압술의 전신이 아니라 일부분이라는 점을 분명히 밝힌다. 아무리 관절 꺾기기술 고수라고 하더라도 공방타격기술을 제대로 알지 못하고 기술을 구사하다가는 스피드 한 타격기술을 가진 방어자의 역공에 맞아 당할 수 있기 때문이다. 이에 공격자는 각종 제압기술을 구사할 때는 방어자의 방어적 역공에 주의해야 하고, 동시에 상대의 신체적 조건이나 대결 환경과 상황을 잘 인지하고 유리한 지형이나 처한 입장을 잘 살려 기술을 구사하는 것이 중요하다.

2. 실전 체포 호신 제압술

1) 손목과 무릎 꺾어 제압술
상대가 연속으로 몸통과 얼굴을 공격해 올 때, 한손으로 연속공격을 방어함과 동시 팔돌려 꺾어 제압한다. 모든 것은 일순간적으로 이루어져야 한다.

1-1) 요령
상대가 오른 주먹, 왼 주먹 얼굴 공격, 오른 주먹 몸통을 공격할 때,

① 몸을 약간 물러 빼고 동시에 왼손날 들어쳐 상대 오른 주먹 얼굴공격을 막는다.

② 동시에 왼 손날 밀어쳐 상대 왼 주먹 얼굴 공격을 막는다.

③ 동시에 왼 손 손날 내려쳐 상대 오른 주먹 몸통공격을 막는 동시 상대 손목 혹은 옷자락을 움켜 잡는다.

④ 동시에 오른 손 상대 손등 손날부위를 움켜잡는다.

⑤ 동시 양손에 힘을 주며 상대 팔을 들어 올려 손목을 안으로 돌려 꺾어 잡는다.

⑥ 동시 상대 팔을 가슴 쪽으로 당겨 눌러 손목을 앞으로 꺾어 잡는다.

⑦ 동시에 왼 손 상대 팔꿈치 위를 눌러 앞으로 밀어 바닥으로 넘어뜨리는 자세를 취한다.

⑧ 동시에 오른발로 상대 앞무릎을 눌러 밟아 바닥에 넘어뜨려 제압한다.

①

②

③

④

⑤

⑥

⑦

⑧

2) 목 허리 꺾어 제압술

상대가 왼 손으로 찔러 치거나 혹은 양손을 이용하여 연속적으로 공격하거나 침착하게 대응하고 기술을 발휘함에는 거의 같다. 상대의 주먹의 속도에 따라 대응하는 기술 역시 다르다.

2-1) 요령

상대가 왼 주먹 순으로 얼굴을 공격할 때,

① 상대의 바깥 손목부위를 왼 손날 들어 올려쳐 막는 동시 손으로 손목을 돌려 잡는다.

② 동시에 몸을 약간 낮추면서 상대 잡은 손목 아래로 당겨 팔을 내린다.

③ 동시에 양손으로 상대 손목을 다시 움켜잡고 들어 올림과 동시 들어 올린 상대 팔아래로 스쳐 지나간다. 동시에 상대 몸 뒤로 돌아 팔을 가슴으로 비틀어 잡는다.(상대팔은 자동적으로 비틀어 꺾인다.)

④ 동시에 왼손은 상대 등허리에 비틀어 꺾어 잡는 동시 오른 손은 상대 어깨를 잡는다. 동시에 오른발로 상대 오금을 밀어 찬다.

⑤ 동시에 손과 발에 힘을 주어 턱을 당기고 오금을 밟아 뒤로 넘어뜨려 제압한다.

①

①-②

② ③

③-① ④

⑤

Ⅱ. 호신권법 종합 기술편

3) 바깥 팔 꺾어 뒤로 당겨 제압하기술

상대 팔 안으로 돌아 꺾어 제압하는 기술이 있는 반면, 팔을 바깥으로 회전하며 비틀어 꺾는 기술이 있다. 기술은 스피드로 정확히 구사할 경우 상대의 팔의 근육 등이 파열 될 위험이 있다.

3-1) 요령

상대가 왼 주먹, 오른 주먹, 왼 주먹 순으로 얼굴을 공격 할 때

① 상대의 왼 주먹 손목을 왼손날로 아래서 위로 밀어치듯 막아낸다.

② 동시에 상대의 오른 주먹 손목을 왼손날로 밀어쳐 막아낸다.

③ 동시에 상대의 왼 주먹 손목을 오른 손날로 막아냄과 동시 왼손날로 상대 팔뚝을 동시에 막아낸다.

④ 동시에 양손으로 상대 손목과 팔을 붙잡고 아래도 당겨 내린다.

⑤ 동시에 양손으로 손목과 팔목을 재차 잡고 위로 비틀어 들어 올린다.

⑥ 동시에 몸을 상대 팔 바깥에서 안쪽으로 회전하며 상대 팔을 비틀어 돌린다.

⑦ 동시에 상대 팔을 비틀어 꺾고 양손으로 붙잡고 오른발로 상대 왼발 오금을 밟고, 양팔에 힘주어 아래로 당겨 뒤로 넘어뜨려 제압한다.

①

②

③

④

⑤

⑥

⑦

⑦-①

4) 안팔 비틀어 무릎 꺾고 제압하기술

이 해

상대의 얼굴 연속 공격에 대응하는 기술은 다양하다. 다만 타격술로 맞대응하는 기술도 있지만, 호신제압기술은 타격술로 가격하여 제압하는 것이 아니라 방어와 동시 신체 관절부위를 이용하여 제압하는 기술을 요하기에 방어와 동시 기술을 걸어 제압하는 기술이다. 상대가 스피드로 연속적으로 공격할 때는 타이밍을 잘 포착하여야한다. 모든 기술은 스피드를 원한다. 상대가 다른 기술로 역공을 가하기 전에 원하는 기술을 구사하여 제압하여야 한다. 연속 4수를 방어함과 동시 몸을 밀어 들며 팔을 그대로 밀어 올리며 동시 몸을 뛰어들며 비틀어 꺾고 상대의 다리의 형태에 따라 무릎관절을 밀어 밟아 제압해야한다.

4-1) 요령

상대가 왼 주먹, 오른 주먹, 왼 주먹, 오른 주먹 연속적으로 얼굴을 공격 할 때,
① 왼 손날 밀어쳐 상대의 왼 주먹 얼굴공격을 막아낸다.
② 동시에 왼 손날 밀어쳐 상대의 오른 주먹 얼굴 공격을 막아낸다.
③ 동시에 왼 손날 밀어쳐 상대의 왼 주먹 얼굴 공격을 막아낸다.
④ 동시에 왼 손날 밀어쳐 상대의 오른 주먹 얼굴 공격을 막아냄과 동시 상대의 손목을 움켜잡는다.
⑤ 동시에 움켜잡은 상대 팔을 그대로 들어 올림과 동시 몸 뛰어들며 몸 회전하고 팔을 비틀어 잡는다.
⑥ 동시에 몸 상대 측면으로 이동하며 상대 앞발 옆 무릎을 밀어 차 밟아 넘어뜨려 제압한다.

Tip : 방어와 동시 상대 팔을 붙잡는 기술은 상대의 주먹 손목이나 팔목 부위를 방어한 손날 위에 걸쳐 올려놓는 형태로 막는다. 동시에 손목을 돌려 손을 반달 모형으로 만들어 상대의 공격 주먹이 거둬들이기 전에 순간적으로 상대의 팔을 움켜잡아야 한다.

①

②

③

④

⑤

⑤-①

⑥

⑥-①

5) 손목 걷어잡고 꺾어 제압하기술

이 해

상대가 왼 주먹 얼굴, 오른 주먹 몸통 혹은 옆구리를 돌려치기로 가격 할 경우 손목 접어 호미손 걷어쳐내 막고 그대로 잡아 위로 비틀어 올림과 동시 반대 손으로 거들어 잡고 꺾어 제압한다. 이때, 상대가 힘을 주어 비틀기가 원활치 못할 때는 순발력을 발휘해서 지탱하고 있는 하체 즉 다리를 제압해 힘을 빼야 한다.

요 령

상대가 왼 주먹, 오른 주먹 순으로 얼굴과 몸통을 공격 해 올 때,

① 공격 정도에 맞춰 몸 약간 물러 빼며 동시에 왼 손날 밀어쳐 상대의 왼 주먹 얼굴 공격 방어한다.

② 동시에 손목 접어 손날 내려쳐 걷어내 막아냄과 동시 상대 안 손목을 움켜잡는다.

③ 동시에 움켜 잡은 왼손을 순간적으로 위로 들어 올림과 동시 오른 손으로 상대 손날과 손등을 겹쳐 움켜잡고 안으로 밀어 비튼다.

④ 동시에 양손에 힘을 주어 상대 팔을 바깥으로 비틀어 꺾고 아래로 당김과 동시 상대 무릎을 눌러 밟아 넘어뜨려 제압한다.

①

②

③

④

④-①

6) 팔꿈치 밀어 꺾어 제압술

이 해

팔을 비틀고 꺾고 하는 것은 사람의 신체유형과 처한 환경과 상황에 걸맞게 기술을 발휘해 제압해야 한다. 상대의 주먹이 어떤 형태로 공격하는 가에 따라 대응하고 제압하는 기술도 다름을 익히 설명해 왔다. 상대의 주먹을 방어하고 움켜잡는 동시 자신의 몸을 회전시키면 상대의 팔은 자동적으로 비틀어진다. 비틀어진 팔을 팔꿈치 관절을 밀어 눌러 앞으로 넘어뜨려 제압하는 기술이다.

요 령

상대의 왼 주먹, 오른 주먹, 왼 주먹 순으로 연속적으로 얼굴을 공격 할 때,

① 왼 손날 올려쳐 왼 주먹 얼굴 공격 걷어 막고 동시 왼 손날 밀어 쳐 오른 주먹 얼굴 공격 막는다.

② 동시에 왼 손날 밀어 쳐 상대 왼 주먹 얼굴공격 막음과 동시 오른 손날 뒤따라 상대 팔뚝을 밀어 쳐 막는다.

③ 동시에 양손에 힘주어 상대 팔을 붙잡는다.

④ 동시에 상대 팔을 들어 올려 팔 아래로 몸을 지나 회전하며 상대 팔을 잡아 내린다.

⑤ 동시에 한 손으로 상대 손목을 붙잡고 반대 손으로 상대 팔꿈치 관절을 눌러 바닥에 넘어뜨려 제압한다.

TIP : 팔꿈치 관절을 앞으로 밀어 꺾을 때는 반달 모양의 타원형으로 발을 옮겨가며 팔에 힘을 실어 상대를 회전력에 의해 몸의 중심을 잃도록 하여 바닥에 넘어뜨려야 기술을 구사하기가 용이하다.

①

①~②

③

④

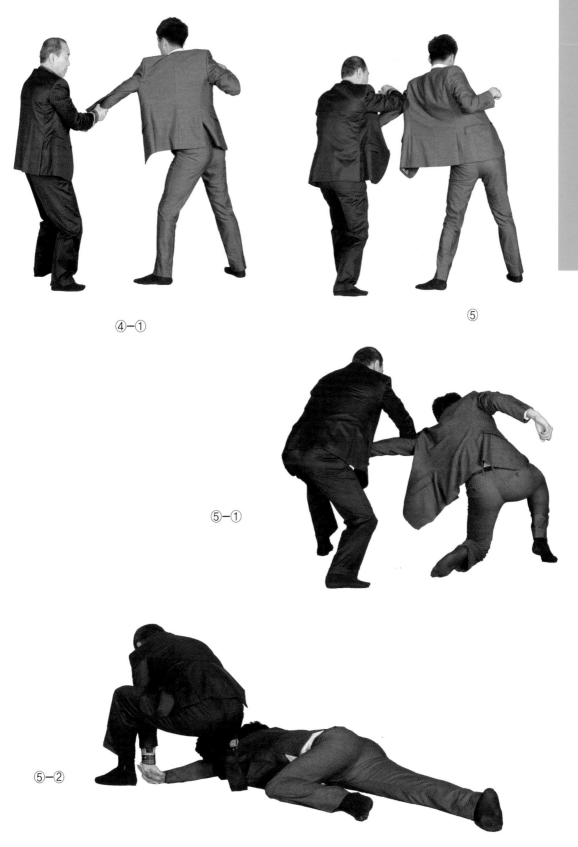

④-①

⑤

⑤-①

⑤-②

7) 손목 꺾어 당겨 제압술

이 해

이 제압술은 상대의 공격을 방어함과 동시 비틀어 꺾고 동시에 손목을 안으로 밀어 꺾어 바닥으로 당겨 넘어뜨려 제압하는 기술이다.

요 령

상대가 오른 주먹, 왼 주먹, 오른 주먹 순으로 얼굴을 연속 공격 할 때,

① 손날 들어 상대의 오른 주먹 얼굴 공격을 막아내고 동시에 손날 밀어쳐 상대의 왼 주먹을 막아낸다.

② 동시에 왼 손날 들어 쳐 상대의 오른 주먹을 막아내고 방어함과 동시 손을 상대 팔위로 휘둘려 막아냄과 동시 상대 팔을 움켜잡고 아래로 내렸다가 다시 가슴 위까지 비틀어 올린다.

③ 동시에 오른 손으로 상대 손 등을 움켜잡고 안으로 접어 밀어 꺾는다.

④ 동시에 왼손을 다시 상대 안 손날 엄지손가락 부위를 겹쳐 잡고, 상대 팔을 뒤로 꺾는다.

⑤ 동시에 한발을 뒤로 길게 물러 뺌과 동시 자세를 낮추면서 양손에 힘주어 꺾인 팔을 아래로 당겨 넘어뜨려 제압한다.

① ①-②

③ ③-①

③-②

④

④-①

⑤

제8장
호공도 공방 제압술

호공도 제압술

각종 제압술을 구사함에 상대가 부동의 자세로 무 대응 한다거나, 주먹을 단수로 날리며 소극적인 대응을 하는 자를 제압하기는 쉽다. 그러나 연속 동작으로 스피드하게 움직이며 반응하는 상대를 제압하기는 쉽지가 않다. 또한 실전에서 공격자보다 방어자의 힘이 비등하거나 세다거나 혹은 자신보다 더 빠른 자를 상대하여 호신술로 제압한다는 것은 더욱이 쉽지 않다. 가령 공격자가 상대방의 팔을 잡고 꺾는 경우 방어자가 힘이 더 세 기술이 걸려들지 않고 버틴다면, 그 기술은 먹혀들지 않는 동시에 양편의 힘 싸움이 되고 결국은 힘이 약한 공격자가 역공격을 당하게 된다. 무엇보다 공격자가 상대의 팔을 제압하기 위해 붙잡은 자신의 팔의 몸 부위는 무방비가 된다. 이에 방어자가 손발로 타격하여 역공을 가한다면, 공격자는 공격한 번 제대로 구사하지 못하고 도리어 제압당할 수가 있기 때문이다. 무엇보다 호신의 기술은 '변화의 기술, 연속적인 기술, 힘의 역이용, 상대보다 더 빠른 동작, 보법을 통한 중심이동의 기술'이 반드시 필요한 요소다. 다시 말해, 한 가지 기술이 막히면 다음기술을 구사하고 그 기술 역시 막히면 또 다른 기술을 구사하여야만 상대가 중심을 잡지 못하고, 결국은 공격자가 의도한 대로 원활한 제압기술을 발휘 성공할 수가 있다. 이에 '호공도'의 '호신제압기술'은 상대의 공격 강도에 맞춰 적절히 대응하여 단계적, 체계적으로 제압하는 선제공격 혹은 방어적 공격 제압 기술이다.

1) 호공 제1형 사공도

이 해

호공도의 사공도는 4가지 수의 기술을 말함이다. 상대의 공격에 맞대응하여 역 공격으로 4가지 기술을 동시에 구사하여 제압하는 기술이다.

요 령

상대가 오른 주먹으로 얼굴을 공격할 때
① 왼 손날 들어 쳐 상대 오른 주먹 얼굴공격 막는 동시 오른 주먹 상대 몸통을 가격 공격한다.
② 동시에 왼 손날 그대로 상대 턱 움켜잡고 상대 좌측으로 비틀어 꺾는다. 동시에 오른 손은 상대 가슴을 스쳐 상대 왼팔을 움켜잡는다. 동시에 오른발 상대 왼발 오금을 걸어 당긴다. 본 동작은 모든 것을 동시에 순간적으로 구사하는 동작이다.
③ 동시에 양손과 오른발에 힘을 주고 상대를 뒤로 넘어뜨려 제압한다.

①

②

②-①

②-②

③

2) 호공 제2형 오공도

이 해

상대가 주먹을 선제 얼굴공격에 이어 발로 몸통을 공격할 경우 방어와 동시 몸 밀어들며 상대 턱과 팔을 움켜잡고 발로 오금을 걸어 당겨 제압하는 기술이다.

요 령

상대가 오른 주먹, 왼 주먹, 오른발 몸통을 연속 공격 할 때,

① 손날 들어 상대 오른 주먹 얼굴공격 밀어 쳐 막고 동시에 왼팔뚝 밀어 쳐 상대 왼 주먹 얼굴공격 막는다.

② 동시에 손날 아래 후려쳐 상대 오른발 몸통공격 막는다.

③ 동시에 몸 밀어들며 오른 주먹 상대 몸통을 가격 공격한다.

④ 동시에 왼 손 상대 턱을 올려치며 움켜잡는다. 동시에 오른 손 상대 왼팔을 붙잡는다. 동시에 오른 발로 상대 왼발 오금을 걸어 당긴다.

⑤ 동시에 양손과 발에 힘을 주어 상대를 뒤로 꺾어 던지 듯 넘어뜨려 제압한다.

① - ②

①

②

③

④

④-①

⑤

3) 호공 제3형 육공도

상대가 발과 동시 주먹으로 얼굴을 연속 공격 할 경우 먼저 발공격을 막아냄과 동시 상대 주먹을 막아낸다. 동시에 몸 밀어 들며 상대 몸통을 가격하여 공격하고 동시 상대 턱과 왼팔을 붙잡고 발로 상대 오금을 걸어 당겨 동시에 제압하는 기술이다.

요 령

① 몸 밀어들며 왼 손날 내려쳐 상대 발 몸통공격 막아내고 방어함과 동시 왼 손날 그대로 들어 올려 상대 오른 주먹 얼굴공격 막아낸다.
② 동시에 왼 손날 그대로 밀어 쳐 상대 왼 주먹 막아냄과 동시 오른 주먹 상대 몸통을 가격 공격한다.
③ 동시에 오른 손 상대 왼팔 붙잡고 동시에 왼 손 상대 턱 밀어 쳐 올려잡고 좌측으로 비틀어 꺾는다. 동시에 오른발 상대 왼발 오금을 걸어 당긴다.
④ 양손과 발에 힘을 주어 상대 뒤로 던지 듯 넘어뜨려 제압한다.

①

①-①

②

②-①

③

③-①

④

4) 호공도 제4형 반대손 제압하기술

사람은 자신이 잘 사용하는 신체적 부위가 있다. 이를 즉 오른 잽이 혹은 왼잽이라고도 한다. 호공도는 오른 손과 발을 사용하는 것과 왼 손과 발로 제압하는 기술을 동시에 훈련해 놓아야 상대에 따라 오른 손과 오른발을 사용하다가 상대의 힘이 강하거나 발이 엇박자나서 꼬일 때는 자세와 공격 기술을 바꾸어 공격해야한다. 가령, 오른 손과 오른발로 상대의 왼발과 왼팔을 붙잡고 왼 손으로 상대의 턱을 꺾어 뒤로 던져 넘어뜨리려고 기술을 걸었으나 상대의 지탱하고 있는 발이 앞뒤가 바뀌었다면 제대로 걸려 들지 않을 수 있음을 말함이다. 이럴 경우 순발력을 발휘해서 재빨리 공격 발과 팔을 바꾸고 턱을 잡는 손을 교체하여 왼쪽부위 공격에서 오른쪽 부위로 이동시켜 공격해야만 상대가 중심을 잃고 원하는 기술이 먹혀 들게 된다는 것을 말함이다. 이에 설명은 좌우가 동일하기에 설명 없이 다음의 사진으로 관찰하여도 기술을 이해 할 수 있을 것으로 본다.

①

②

제9장
삼비도 제압술

"삼비도는 공방 역공 최고의 제압술이다."

삼비도 받아 치기술

삼비도는 상대의 주먹공격을 받아치는 기술로서 상당한 위력적인 공방 기술이다. 삼비도기술은 상대의 주먹공격에 삼수 이상 기술을 연속적으로 동시에 사용한다는 기술에 붙여진 이름이다. 상대의 주먹공격을 막아냄과 동시 그대로 밀어들어가며 타격술 혹은 제압술을 구사하여 일순간에 제압하는 고급기술이다. 실전에 사용하면 더욱 효과적임을 알 수 있다.

삼비도는 상대 몸 안쪽에서 진행하면 "안삼비도"라 칭하고 몸 바깥에서 진행하면 "바깥삼비도"라고 구분하여 칭한다.

1) 안삼비도 목틀어 제압술

상대의 연속공격이든 일회성 공격이든 간에 타이밍을 잘 잡고 몸을 밀어들거나 뛰어들면서 방어와 동시 연속 역공격으로 상대의 공격을 무력화 하면서 종국에는 상대의 목을 비틀어 완전히 제압하는 군 특수부대원들의 순간제압기술 중 맨손최고의 기술이라고 해도 과언이 아닐 것이다.

요 령

상대가 오른 주먹, 왼 주먹, 오른 주먹 순으로 얼굴을 연속적으로 공격할 때,

① 왼 손날 혹은 팔뚝 등으로 밀어 쳐 상대 오른 주먹 막고, 동시에 오른 손날 밀어 쳐 상대 왼 주먹 얼굴공격을 맞받아쳐 막아낸다.

② 동시에 몸 밀어들며 오른 손날 후려쳐 상대의 오른 주먹 얼굴 공격을 막아냄과 동시 왼손 등 상대 팔뚝 거듭 막고, 손을 돌려 상대 손목을 움켜잡는다. 동시에 오른 손날 그대로 밀어쳐 상대 귀밑 목(경동맥)을 후려쳐 가격한다.

③ 동시에 오른 손 상대 어깨 혹은 뒷목을 움켜잡고 상대 상체를 아래로 당겨 누름과 동시 오른 무릎 들어 상대 얼굴이나 가슴을 올려친다.

④ 동시에 오른발 상대 좌측면 편으로 옮겨 놓고, 동시 오른 손은 상대 아래턱을 움켜잡고 동시에 왼손은 상대 뒷머리를 움켜잡는다.

⑤ 동시에 몸 상대 좌측면 뒤로 이동하면서 상대 머리를 비틀어 꺾으며 상대의 몸을 회전시킨다.

⑥ 상대의 몸을 한바퀴 회전시킨 후 왼손은 상대 목털미를 움켜잡고 오른 손날 들어 상대 안면 목을 후려쳐 가격하여 제압한다.

① ①-②

② ②-①

③

④

⑤

⑥

2) 안삼비도 목덜미 당겨 제압술

이 해

상대가 주먹으로 얼굴을 연속적으로 공격해올 경우 손날 혹은 팔목으로 연속 방어함과 동시 상대 가슴팍으로 몸 밀어들며 방어함과 동시 상대 목을 가격하고 팔을 돌려꺾고 목덜미를 움켜잡아 제압하는 기술을 말한다.

요 령

상대가 왼 주먹, 오른 주먹, 왼 주먹, 오른 주먹 순으로 연속 공격할 때

① 왼 손날 들어 올려 상대 왼 주먹 얼굴 공격 막아내고 동시 오른팔목 밀어쳐 상대 오른 주먹 얼굴 공격 막아내고 동시 오른 손날 밀어쳐 상대 왼 주먹 막아내낸다.

② 동시에 오른 손날 상대 오른 주먹 얼굴공격 막아냄과 동시 왼 손날 들어 올려쳐 상대 손목을 걸어 막는다.

③ 동시에 오른 손날 그대로 후려쳐 상대목을 가격한다. 동시에 왼손 돌려 상대 손목을 걸어 잡는다.

④ 동시에 오른 손날 상대 목덜미를 움켜잡고 상대 상체를 아래로 당김과 동시 무릎을 올려쳐 상대 얼굴을 가격한다.

⑤ 동시에 무릎올려친 오른발을 상대 우측면으로 이동하면서 동시에 붙잡고 있던 왼손으로 상대 오른팔을 머리 위로 쳐들고 동시에 몸을 상대 팔아래로 빠져나가 몸 회전하며 상대뒤로 이동한다.

⑥ 동시에 상대 목덜미를 움켜잡고 뒤로 당김과 동시 오른발로 상대 오른발 오금을 눌러 밟아 뒤로 넘어뜨려 제압한다.

①   ①-①

①-②   ②

Ⅱ. 호신권법 종합 기술편

③

④

④-①

④-②

⑤

⑤-①

⑥

⑥-①

3) 안삼비도 어깨관절 제압술

이 해

상대의 연속 혹은 단발공격에 방어함과 동시 몸 밀어들며 상대와 근접 밀착함과 동시 상대 주먹방어와 동시 상대 목을 가격하고 그대로 빠져나가 팔을 비틀어 꺽고 팔꿈치 관절을 눌러 제압하는 기술이다.

요 령

① 상대의 오른 주먹공격에 대해 오른 손날 밀어 쳐 막고 동시에 왼손 펴 상대 팔목 재차 막는다.
② 동시에 몸 밀어 들며 상대 목을 후려쳐 가격한다. 동시에 왼손 돌려 상대 손목을 움켜잡는다.
③ 동시에 오른발 상대 우측면으로 이동하면서 상대 팔을 들어 올려 상대 팔 아래를 지나 몸 뒤로 한 바퀴 회전하며 상대 팔을 비튼다.
④ 동시에 손을 교체하여 오른 손으로 상대 손목을 다시 잡고, 왼손 혹은 팔뚝으로 상대 어깨 관절을 눌러 앞으로 넘어 뜨려 제압한다.

①

②

③

③—①

④

④—①

④—②

4) 안삼비도 목걸어 던져 제압술

이 해

본 기술은 상대의 공격에 방어와 동시 맞받아 쳐 목을 가격하고, 상대가 방어 할 경우 공격한 손날을 전환시켜 상대 목을 움켜잡고 안으로 돌려 꺾는 동시 오른발로 상대 오금을 걸어당겨 손과 발에 힘을 주고 몸의 반동을 이용하여 던지거나 혹은 그대로 넘어뜨려 제압하는 기술

요 령

상대가 오른 주먹, 왼 주먹, 오른 주먹 순으로 얼굴을 연속 공격 할 때,

① 왼 손날 올려 쳐 상대 오른 주먹 얼굴공격 막아내고 동시에 왼 손날 밀어쳐 상대 왼 주먹 얼굴공격 막아 낸다.

② 동시에 오른 손날 후려쳐 상대 오른 주먹 얼굴 공격 막아 냄과 동시에 왼편 손 상대 팔목 올려 걸어 쳐 재차 막아 방어한다.

③ 동시에 왼 손 돌려 상대 팔목을 움켜잡는다. 동시에 오른 손날 그대로 후려쳐 상대 목을 가격한다.

④ 동시에 오른 손날 상대 목을 움켜잡는다. 동시에 몸 한걸음 밀어 들며 왼발로 상대 오른발 오금을 걸어 당긴다.

⑤ 양손과 발에 힘을 주어 상대 몸을 던지 듯 넘어뜨려 제압한다.

①

①-①

②

③

④

④-①

④-②

⑤

5) 안삼비도 턱밀어 제압술

이 해

순간적인 공방 술에는 힘의 우위는 접어 두고라도, 누가 빠른가? 어떤 기술이 적합한가? 누가 더 많은 기술을 보유하고 있는가? 순발력과 연속 변화기술을 용이하게 구사하는 가? 하는 등이 승패의 관건이라고 해도 과언이 아니다. 본 기술은 방어와 동시 안면 턱을 밀어 뒤로 꺾고, 발 오금을 걸어 당겨 몸을 뒤로 넘어뜨려 제압하는 기술이다.

요 령

상대가 왼 주먹, 오른 주먹 얼굴 공격을 해 올 때,

① 왼 손날 들어 쳐 상대 왼 주먹 얼굴공격 막아낸다.

② 동시에 오른 손날 상대 오른 주먹 얼굴공격 막아냄과 동시 왼 편손 올려 상대 팔뚝 걷어 재차 막아낸다.

③ 동시에 몸 밀어 들며 오른 손날 상대 목을 후려쳐 가격한다.

④ 동시에 오른손으로 상대 왼팔을 아래로 걷어내고 동시에 오른손 끝으로 상대 목을 찌른다. 동시에 오른손 상대 안면 턱을 밀어 뒤로 꺾는다.

⑤ 동시에 왼발 한걸음 밀어 들며 상대 오른발 오금을 걸어 당겨 뒤로 넘어뜨려 제압한다.

① ②

③

④

④-①

④-②

⑤

6) 바깥 삼비도 양손 걸어 "어깨관절 꺾어" 제압술

본 기술은 상대의 주먹공격에 방어와 동시 목후려치기로 공격함과 동시 양손으로 상대 어깨를 걸어 당겨 꺾어 제압하는 기술을 말한다.

요 령

상대가 왼 주먹, 오른 주먹으로 얼굴 연속 공격을 할 때,
① 왼 손날 밀어 쳐 상대 왼 주먹 얼굴공격 막아내고 방어
② 동시에 오른 손날 밀어 쳐 상대 오른 주먹 얼굴공격 막아냄과 동시 왼 편손등 들어 올려 재차 걸어 막는다.
③ 동시에 오른 손날 후려쳐 상대 목을 가격하고 동시에 왼손 상대 팔목을 움켜잡는다.
④ 동시에 몸 상대 우측면으로 이동하며 상대 오른팔을 왼 어깨위로 올려 걸쳐 놓고, 왼팔을 상대 팔 위로 오른팔은 상대 어깨위로 올려 양손 깍지 껴잡고 어깨관절을 걸어 당겨 누른다.
⑤ 동시에 오른발 몸 뒤로 길게 한걸음 물러 빼고 상대 어깨 관절을 눌러 당겨 바닥에 눕혀 제압한다.

① ② ③ ④

④—①

⑤

⑤—①

7) 바깥삼비도 "손목 뒤로 꺾기" 제압술 (팔뒤로꺾어제압하기)

상대의 주먹을 막아내고 상대의 손목을 꺾기 위해서는 상대적 힘의 우위와 스피드한 기술이 절대적으로 필요하다. 이미 상대가 기술을 제어하고 버티기 시작하는 순간 기술은 먹혀들지 않고 힘 싸움현상이 일어 난다. 결국은 힘이 센사람이 이기는 것이라고 볼 수 있다. 힘을 센 사람을 제압하기 위해서는 상대의 힘을 빼고 다음으로 원하는 방향으로 꺾어 제압하는 기술이 필요한 것이다. 본 기술은 타격술로 상대의 힘을 어 느정도 무력화 시킨 후 손목을 뒤로 꺾어 제압하는 것을 말한다.

요 령

상대가 왼 주먹, 오른 주먹, 왼 주먹, 오른 주먹 순으로 얼굴을 연속적으로 공격 해 올 때,

① 왼 손날 들어 쳐 상대 왼 주먹 얼굴공격 막아내고 동시에 왼 손등 들어올려 쳐 상대 오른 주먹 얼굴공격 막아내고 동시에 왼팔뚝 밀어 쳐 상대 왼 주먹 막아 낸다.

② 동시에 몸 상대 우측면으로 이동하며 왼팔뚝 상대 오른 주먹 얼굴공격 막아낸다.

③ 동시에 오른 주먹 상대 몸통을 가격한다.

④ 동시에 오른발로 상대 오른 옆 무릎을 발로 밀어 차 눌러 밟는다.

⑤ 동시에 오른 손날 상대 목덜미를 후려쳐 가격한다.

⑥ 동시에 왼 손으로 상대 오른 손목을 움켜잡는 동시에 위로 비틀어 든다.

⑦ 동시에 오른 손으로 상대 손날과 손등을 겹쳐 잡고 안으로 꺾어 밀면서 뒤로 꺾어 넘어뜨려 제압한다.

①

①-①

①-②

②

③

④

④-①

⑤

⑥   ⑥-①

⑦

8) 바깥 삼비도 목비틀어 제압하기 (무릎꺾고 목틀어제압)

이 해

바깥삼비도는 상대의 주먹공격에 상대 주먹 바깥으로 몸을 이동하여 제압기술을 구사하는 것을 말한다. 이는 상대의 반대주먹이 자신의 이동을 따라잡고 가격하기 이전에 스피드로 상대의 측면으로 이동하여 각 종 기술을 발휘해야하는 기술 중 하나이다.

요 령

상대가 오른 주먹으로 얼굴을 공격 할 때,

① 몸 상대 우측면으로 밀어들며 이동함과 동시 왼 손날 혹은 팔뚝 등의 부위를 이용하여 바깥에서 상대 팔목을 후려쳐 막아낸다.

② 동시 오른 주먹으로 상대 몸통을 가격 한다.

③ 동시 상대 우측면 뒤로 이동하며 상대 오른발 오금을 눌러 밟는다.

④ 동시 상대 뒤편에서 상대 턱과 뒷머리를 양손으로 움켜잡고 비틀어 돌린다.

⑤ 동시 상대 목을 후려쳐 제압한다.

준비

①

②

③

④

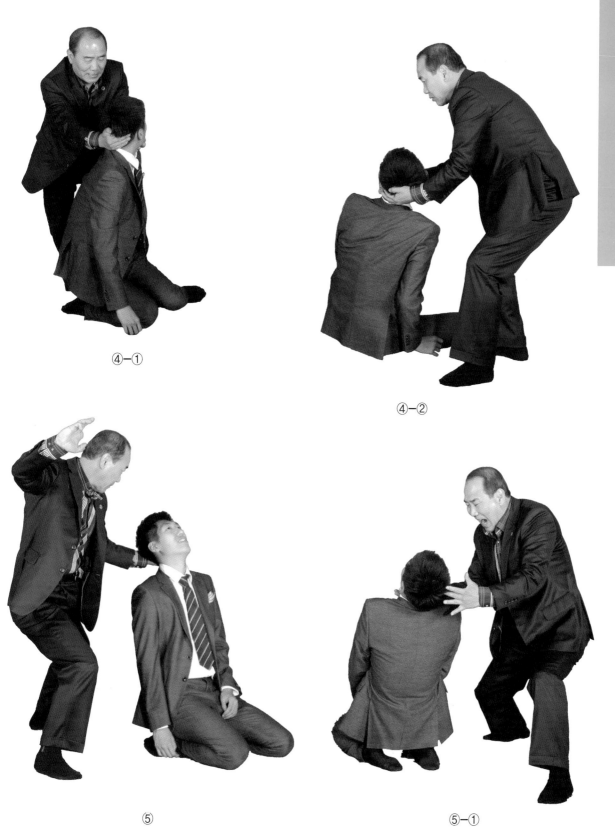

④-①

④-②

⑤

⑤-①

제10장
위기 탈출 호신 제압술

위기 탈출 호신 제압술

무술적 관점에서는 흉악범과 대면하는 순간부터는 어느 순간이 위기고 어느 순간이 위기가 아니라고 단정하기가 쉽지가 않다. 달리 말하면, 상대가 어떤 마음을 먹고 어떻게 실행에 옮기느냐에 따라 간접 위기가 될 수도 있고, 직접 위기가 될 수도 있는 것이다. 흉악범을 만나 눈빛과 언행으로 위기 징조를 나타내는 순간이 "사전위기", 징조를 실행에 옮기는 순간을 "현실적 위기", 실행 위험이 끝나고 재차 잠재적 실행 가능성을 두고 "사후 위기"로 구분할 수가 있다. 필자가 무술을 하면서 느낀 바는 각박하고 흉포화 되어가는 사회의 구조상 곳곳에 위험은 항상 도사리고 있고, 사전에 감지를 하고 실행에 옮기기 전에 적절한 조치를 하거나 위험에서 탈출하는 것이 상책이다. 최상책은 직접실행에 옮기는 상황을 초래하더라도 이를 제압하고 탈출할 수 있는 기술을 가지고 있는 것이 최상책이다. 본론으로 말하자면, 위기탈출 호신제압술을 구사하기 위해서는 다양하고 많은 기술도 요구되지만, 무엇보다 몇 가지 기술이라도 정확하고 능숙하고 스피드하게 구사하여 제압하는 것이 더욱 필요하다고 본다.

1. 방어적 위기 탈출 호신 제압술

이는 상대가 나를 주먹으로 가격하거나 혹은 나의 손목을 잡거나 어깨를 잡거나 팔을 꺾거나 멱살을 잡거나 하여 나를 제압하려고 할 때, 역공으로 기술을 구사하여 위기에서 탈출함과 동시 역으로 상대를 제압하는 기술을 말함이다. 일반적으로 호신무술이라 함은 이를 두고 말함이다.

몸돌아 턱 꺾어 제압하기술

상대가 어깨나 팔을 붙잡고 위협할 때, 몸을 상대 팔 바깥으로 몸을 회전하며 뒤로 돌아서 상대가 예상하지 못하는 방향으로 기술을 발휘해 상황을 벗어나며 역공하는 기술이다.

요 령

① 상대가 정면에서 오른 손으로 왼 어깨를 붙잡고 위협 할 때,

② 오른발을 뒤로 돌려 몸을 회전하듯 돈다.

③ 동시에 몸을 뒤로 한바퀴 회전하여 완전히 상대 뒤편으로 이동한다. 동시에 상대의 팔은 자연히 뒤로 꺾여져 도리어 꼬이게 된다.

④ 동시에 왼손으로 상대 머리카락을 움켜잡고 뒤로 당긴다.

⑤ 동시에 상대 머리가 뒤로 젖혀지면 재빨리 왼팔을 상대 어깨와 목사이로 끼워 넣는다 동시에 손을 펴 안손날로 상대 오른 편 턱을 걸어 상대의 목이 빠져나가지 못하게 구속한다.

⑥ 동시에 왼발을 좌측으로 벌리며 자세를 낮춤과 동시 목을 건 왼 손에 힘주어 상대 턱을 걸어 뒤로 당긴다. 동시에 오른팔과 왼팔에 힘주어 뒤로 넘어뜨려 제압한다.

①

②

③

④

⑤

⑥

뒤에서 양팔로 목감아 조를 때 탈출 제압술 1

상대가 뒤에서 양팔로 목을 감아 조르며 위협할 때, 상체나 목이 완전히 제압을 당하기 직전에 스피드와 힘을 부여해 재빨리 기술을 구사해 탈출과 동시 상대를 제압해야 한다.

요 령

① 상대가 뒤에서 양팔로 목을 감아 조르며 위협 할 때,

② 동시에 오른 손은 상대 손목을 붙잡고 왼 손은 상대 팔을 붙잡는다.

③ 동시에 자세를 낮춤과 동시 양손에 힘을 주어 목 감은 팔을 아래로 힘껏 당겨 목에 자유를 준다.

④ 동시에 몸을 우측으로 비틀고 동시에 왼손을 펴 상대 낭심을 힘껏 후려친다.

⑤ 동시에 양손을 상대 목감은 팔을 다시 힘주어 붙잡고, 왼발을 상대 우측후면으로 길게 빼내 딛는다.

⑥ 동시에 양손에 힘주어 상대 팔을 뒤로 당김과 동시 몸을 뒤로 빼내 상대의 팔을 꺾어 잡는다. (자동적으로 상대는 팔이 뒤로 꺾여 진다.)

⑦ 동시에 오른 손으로 상대의 머리카락을 움켜쥔다.

⑧ 동시에 상대 얼굴을 무릎으로 올려친다.

⑨ 동시에 양손으로 상대 꺾인 손목을 모아 쥔다.

⑩ 동시에 양손에 힘주어 상대 손목을 앞으로 밀어 꺾어 던져 제압한다.

①

②

③

③ 확대

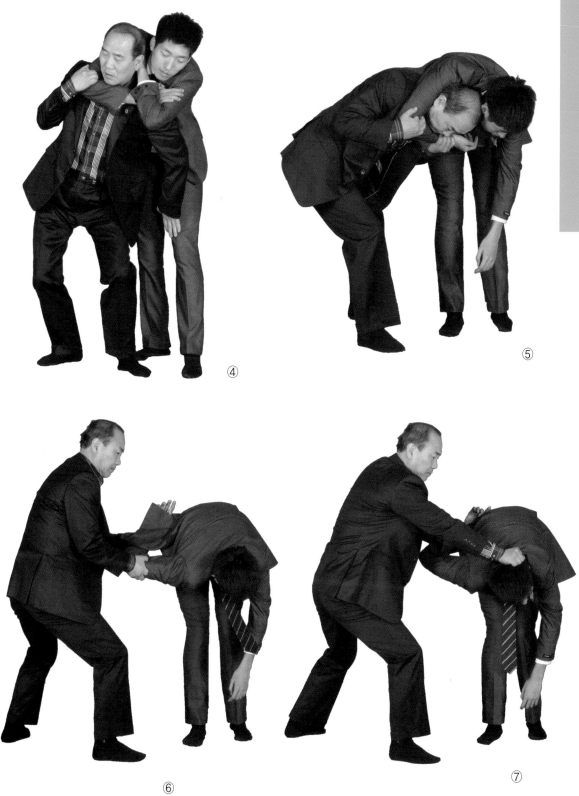

④

⑤

⑥

⑦

⑧

⑨

⑩

2. 뒤에서 양팔 위로 껴안을 때

손가락 꺾어 제압하기

상대가 뒤에서 양팔로 껴안을 때, 상대의 가장취약한 부분이 어느곳인지 순간적으로 판단하여 공략하지 않으면 제압하기가 어렵다. 상대가 양팔 위를 껴안을 때는 팔이 자유롭지 못하기에 다양한 기술을 구사하기가 쉽지 않다. 양손 깍지 낀 손등을 주먹으로 내려쳐 순간 약한 손가락을 움켜잡고 떼어내 제압하는 기술이다.

요 령

① 상대가 뒤에서 양팔로 양팔위로 껴안고 위협할 때,
② 동시에 깍지 낀 손등을 주먹으로 후려침과 동시 힘이 빠진 손가락을 움켜잡는다.
③ 동시에 상대의 손가락을 떼어내 가슴위로 비틀어 꺾는다.
④ 동시에 왼발을 상대 좌측면으로 걸어가며 몸을 빼낸다.
⑤ 동시에 움켜진 손가락을 머리위로 꺾어 올린다.
⑥ 동시에 몸을 바로 세움과 동시 왼손을 머리위로 들어 올려 손가락을 뒤로 비틀어 팔이 꺾이도록 한다.
⑦ 동시에 오른 손으로 상대 목덜미 혹은 머리카락을 뒤로 잡아당긴다.
⑧ 동시에 오른발로 상대 발 오금을 눌러 차고 동시에 힘을 주어 뒤로 넘어뜨려 제압한다.

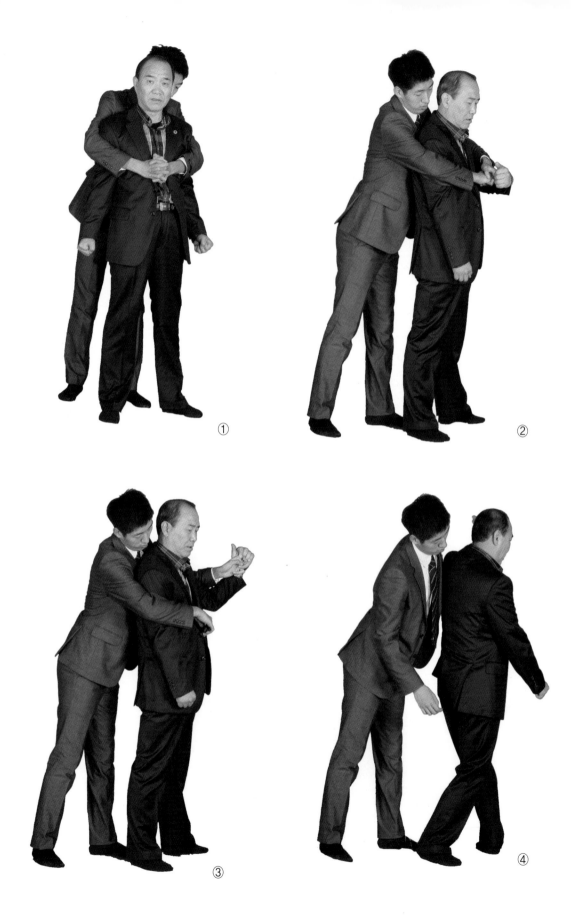

⑤ ⑥

⑦ ⑧

양팔 비틀어 던져 제압하기술

요 령

① 상대가 뒤에서 양팔로 몸을 껴안을 때,

② 양발을 넓게 벌리고 자세를 낮추면서 양팔에 힘주어 몸을 껴안고 있는 상대 양팔을 위로 밀쳐 올린다.

③ 양팔을 더욱 위로 밀어 올림과 동시 몸을 우측면으로 비틀어 상대 몸과 간격을 벌린다. 동시에 왼손으로 상대 낭심을 힘껏 후려친다.

④ 동시에 왼발을 상대 우측면 뒤로 길게 뺀다. 동시에 양손을 상대 양 손목을 움켜잡는다.

⑤ 동시에 상대 양 손목을 움켜쥔 상태로 몸을 뒤로 빼낸다.

⑥ 동시에 양 손목을 비틀며 상대 오른팔을 위로 비틀어 올린다.

⑦ 동시에 양 손목에 힘주어 비틀며 앞으로 던져 제압한다.

①

②

③

④

① ② ③ ④

⑤

⑥

⑦

4. 팔 오금 잡고 턱 비틀어 던져 제압하기

상대가 손목과 어깨를 동시에 붙잡고 위협할 때, 붙잡힌 손목부터 빼내고 동시에 몸을 이동하며 회전력을 이용해 상대의 균형을 무너뜨려 제압하는 기술을 구사해야한다.

요 령

① 상대가 왼손으로 왼손목을 붙잡고 동시에 오른손으로 왼 어깨를 붙잡고 위협할 때,

② 왼발을 좌측으로 벌리며 붙잡힌 왼손을 상대 우측 옆구리 쪽으로 당겨 비틀어 빼낸다.

③ 동시에 왼손을 어깨를 붙잡고 있는 상대 오른팔 오금부위를 위에서 힘차게 내려치며 붙잡는다.

④ 동시에 몸을 상대 좌측면으로 이동함과 동시 오른 손으로 상대의 턱을 아래서 위로 비틀어 민다.

⑤ 동시에 양팔에 힘주어 당기고 밀며 상대를 좌편으로 몸을 비틀어 꺾어 몸의 중심을 잃게 만든다.

⑥ 동시에 몸을 더욱 우측면으로 이동하며 회전력을 이용해 상대를 바닥으로 넘어뜨려 완전히 제압한다.

①

②

③

④

⑤

⑥

한손 멱살잡이 목비틀어 눌러 제압술

(한손멱살잡이탈출목비틀어 제압술)

요 령

① 상대가 한손(오른손)으로 멱살을 잡고 위협할 때

② 왼손을 올려 멱살잡은 오른팔 오금을 위에서 내려치며 움켜 잡는다.

③ 동시에 몸을 상대 좌측으로 이동하면서 동시에 상대 왼 얼굴(귀밑 턱과 목)을 밀어 친다.

④ 동시에 상대 왼팔을 잡아당기고 얼굴을 밀며 상체를 비튼다

⑤ 동시에 양손에 힘을 주어 더욱 상체를 비틀며 바닥에 주저앉혀 제압한다.

①

②

③

④

⑤

한손 멱살잡이 팔뒤로 꺽고 오금걸어 제압하기술

요 령

① 상대가 오른 손으로 멱살을 붙잡고 위협할 때
② 왼 손펴 멱살잡은 상대 오른팔목부위를 안에서 걸쳐 받침대 역할 한다.
③ 동시에 오른 손을 상대 팔꿈치부위를 아래서 위로 움켜잡는다.
④ 동시에 왼손을 상대 오른 손목 움켜잡는다. 동시에 양손에 힘을 주어 상대 팔을 뒤로 꺾는다.
⑤ 동시에 왼발 들어 상대 오른발 오금을 눌러 차고 동시에 상대 팔을 뒤로 꺾으며 바닥에 넘어뜨려 제압
   한다.

①

②

③

④

④ 후면

⑤

⑤ 후면

5. 양손 멱살잡이 제압술

상대가 양손으로 멱살을 잡고 앞뒤 좌우로 흔들며 위해를 할 경우 순간 어떻게 할지 여간 난감하지 않을 수 없다. 힘으로 맞대응하여 팔을 꺾으려고 하다보면 힘 대결로 이어져 자신이 힘이 부족하면 더욱 곤란을 격을 수가 있다. 모든 것은 상대가 대비하기 전에 순식간에 역공으로 제압하는 기술이 최상책이다.

1) 양손 멱살잡이 목비틀어 제압술

요 령

① 상대가 양손으로 멱살을 잡고 이리저리 흔들며 위협을 할 때,
② 양손을 펴 모아 팔을 상대 양팔 안으로 집어넣는다.
③ 동시 양팔을 밀어 뻗어 왼 손은 상대 뒷머리를 잡고, 오른 손으로 상대 턱을 아래서 위로 움켜잡는다.
④ 동시 몸을 상대 좌측면으로 이동
   하며 비튼다.
⑤ 동시 상대 목을 아래로 비틀어 상
   대를 바닥에 넘어뜨려 제압한다.

③

④

⑤

2) 접은 팔 비틀어 무릎 올려쳐 제압하기

요 령

① 상대가 양손으로 멱살을 잡고 위협할 때,

② 양손 펴 모아 상대 양팔사이로 밀어 끼워 넣는다.

③ 동시 양손 모아 잡은 채로 양팔 접어 벌려 어깨까지 들어 올린다. 동시 상대 팔을 붙잡는다.

④ 동시 오른발을 상대 우측면으로 이동하고 동시 왼발을 같은 방향으로 빼내며 몸을 회전 한다.

⑤ 동시 왼손으로 상대 오른 접힌 팔을 붙잡고 아래로 내리며 동시에 양손을 이용하여 뒤로 당겨 꺾는다.

⑥ 동시 왼손은 팔을 붙잡고 오른 손은 상대 뒷머리를 붙잡는다.

⑦ 동시 양손에 힘주어 아래로 당겨 내림과 동시 오른 무릎으로 얼굴을 올려쳐 제압한다.

①

②

③

④

⑤

⑥

⑦

3) 손목 비틀어 팔꺽어 제압하기

요 령

① 상대가 양손으로 멱살을 움켜잡고 위협을 할 때
② 오른 손을 상대 오른 손등과 바깥손날을 동시에 겹쳐 잡는다. 동시에 왼손으로 상대 손목을 아래에서 위로 움켜잡는다.
③ 동시에 오른팔뚝으로 상대 왼팔을 순간 눌러 친다. 동시에 양손에 힘을 주어 상대손목을 안으로 비튼다
④ 동시에 몸을 우측 안으로 비틀며 동시에 상대 팔을 왼 겨드랑이 안에 끼운다.
⑤ 동시에 몸을 낮추어 앉으면서 상대 팔을 더욱 비틀어 누른다.
⑥ 동시에 왼 손을 풀어 상대 팔꿈치 윗부분을 손으로 눌러 상대를 바닥에 눕혀 제압한다.

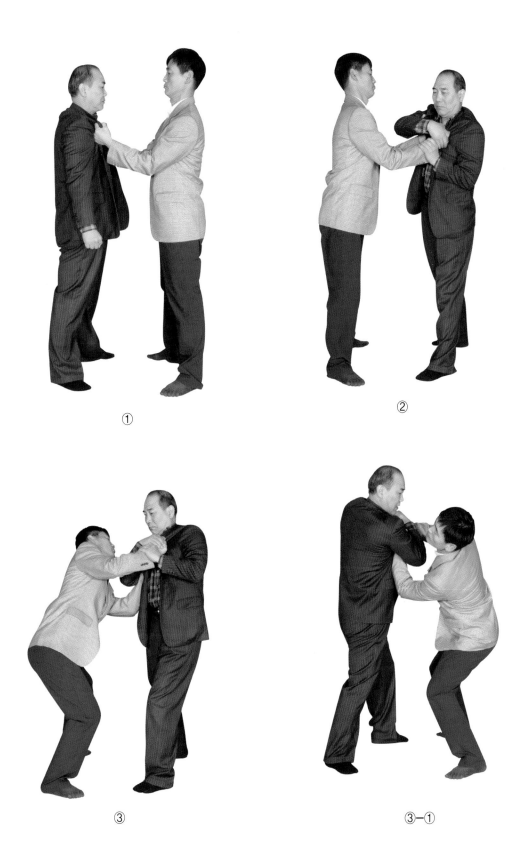

①   ②

③   ③-①

④

⑤

⑥

4) 태양혈 (관잘놀이) 치고 목비틀어 제압하기

(양손멱살잡이 낭심차고 목비틀어제압술-11)

요 령

① 상대가 양손으로 멱살을 붙잡고 위협할 때,

② 양팔을 위로 올려 멱살을 붙잡고 있는 상대 양팔을 힘껏 내려친다.

③ 동시에 양팔을 붙잡고 동시에 오른발로 낭심을 걷어찬다.

④ 동시에 양 주먹으로 상대 태양혈을 후려친다.

⑤ 동시에 양손을 턱과 뒷머리를 붙잡고 머리를 비튼다.

⑥ 동시에 양팔에 힘주어 상대 목을 더욱 비튼다.

⑦ 동시에 상대를 바닥에 넘어뜨려 제압한다.

①

②

③

④

⑤

⑥

⑦

⑦-①

5) 손끝 목 찌르고 팔 비틀어 꺾어 제압 하기술
(양손멱살잡이낭심차고팔꺾어제압하기술)

요 령

① 상대가 양손으로 멱살을 잡고 위협할 때

② 오른 손으로 상대 왼팔을 누르며 왼손펴 손가락(검지, 중지)에 힘주어 상대 목(천돌, 숨구멍)을 힘껏 찌른다.

③ 동시에 오른발로 상대 낭심을 걷어찬다.

④ 동시에 오른순으로 멱살을 잡고 있는 상대 오른손등과 손날부위를 붙잡는다. 동시에 왼손으로 상대 왼팔 관절부위를 위에서 아래로 움켜잡는다.

⑤ 동시에 오른 손은 상대 오른 손목을 안으로 비틀고, 왼손은 상대 팔관절을 아래도 당겨 상대 팔이 비틀어 꺾이도록 힘주어 당긴다.

⑥ 동시에 더욱 힘주어 상대의 팔을 비틀어 꺾으면서 바닥에 주저앉혀 제압한다.

① ② ③

④ ⑤ ⑥

6. 안 손목 비틀어 꺾어 제압하기

손목수 즉 상대가 손목을 붙잡을 때, 이를 이용하여 제압하는 기술들은 수없이 많다. 안손목 돌려 꺾어 제압하는 기술은 상대가 오른 손으로 왼 손목을 움켜잡을 때 팔을 뒤집으며 동시에 상대의 손목 혹은 손등을 움켜잡고 비틀어 손목을 자유롭게 함과 동시 상대의 손목을 도리어 비틀어 제압하는 기술이다. 이 역시 스피드와 순간 힘을 부여하는 기술이 필요 하는 좋은 기술이다.

요 령

상대가 오른 손으로 왼 손목을 붙잡을 때
① 왼 손을 펴 모으고 동시에 팔을 안으로 뒤집어 손바닥이 위로 향하도록 한다.
② 동시에 오른 손을 상대 팔 아래로 집어넣고 상대 오른손 안손목(엄지손가락 부위) 손등을 움켜잡는다.
③ 동시에 왼손을 빼내며 상대 손등을 밀어잡는다.
④ 동시에 양손에 힘주어 비틀어 꺾는다.
⑤ 동시에 왼발을 뒤로 길게 물러 내딛고 자세를 낮춘다. 상대의 꺾인 팔을 잡아당겨 넘어뜨려 제압한다.

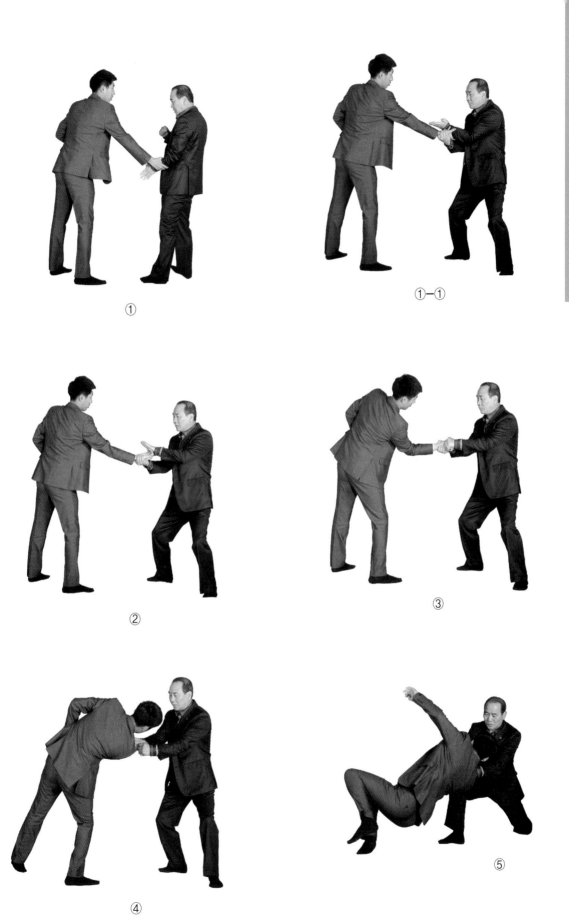

① ①-① ② ③ ④ ⑤

7. 왼팔로 왼 손목을 붙잡을 때

상대가 어디를 어떻게 잡을지는 아무도 알 수 없다. 처한 상황에 따라 다르다. 왼팔로 자신의 왼 손목을 붙잡을 때는 상대가 팔에 힘을 부여하거나 다른 기술을 구사하기 전에 재빨리 자신의 기술을 발휘하여 제압하여야 한다.

요 령

상대가 왼손으로 나의 왼손목을 붙잡을 때

① 왼손을 펴 모아 손날로 상대 바깥 위로 손목 올려 밀며 붙잡는다.

② 오른손으로 상대 손등(손목윗부분)을 움켜잡고, 동시에 손목이 아래로 꺾이도록 위로 치켜든다.

③ 동시에 왼발을 좌측으로 벌리며 자세를 낮춘다. 동시에 상대 팔을 가슴과 수평되게 내린다.

④ 동시에 양손에 힘주어 상대 팔을 안으로 돌려 비튼다.

⑤ 동시에 왼발을 뒤로 물러 빼고, 팔을 더욱 비틀며 손목을 바깥으로 꺾는다. 동시에 양손에 힘주어 비틀어 당겨 상대를 바닥에 넘어뜨려 제압한다.

① ②

③

④ ⑤

8. 손목 양손 걸어 꺾어 제압하기

상대가 자신보다 힘이 센 사람이 왼 손으로 왼손을 맞잡고 위협할 때, 실전에서는 기술만 가지고 상대를 제압하기는 어렵다. 더욱이 상대가 자신보다 힘이 월등히 강할 때는 한손으로 손목을 꺾어 제압하는 만만치 않다. 이때는 양손을 손목과 팔에 걸어서 한손에 집중적으로 힘과 기술을 동시에 발휘하면 제압하기가 훨씬 용이하다.

요 령

① 상대가 왼손으로 왼 손목을 움켜잡을 때,

② 붙잡힌 왼팔을 앞으로 당김과 동시 왼 손목을 위로 비틀어 올려 상대 손목을 잡는다. 동시에 몸을 좌측 면으로 이동한다. 동시에 오른팔목으로 상대 어깨관절 부위 팔을 앞으로 누른다.

③ 동시에 다시 팔을 가슴으로 들어 올려 오른 손을 상대 안 손목 안쪽으로 집어넣고, 상대 손목을 붙잡고 있는 자신의 왼 손목을 맞잡는다.

④ 상대 팔과 손목을 양손으로 걸어 가슴 아래로 약간 눌렀다가 동시에 바깥으로 젖혀 꺾어 올린다.

⑤ 동시에 오른발로 상대 발 오금을 걸어 당긴다.

⑥ 동시에 양손과 오른발에 힘을 주어 뒤어 넘어뜨려 제압한다.

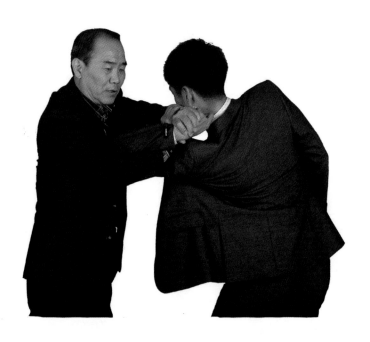

① ② ③ ④ ⑤ ⑥

9. 양팔 걸어당겨 제압하기술

상대가 양손목을 붙잡을 때, 양팔을 내려벌려 양손목을 비틀어 올려 상대안손목을 붙잡고 걸어 당겨 순간적으로 제압하는 기술을 말한다.

요 령

① 상대가 양손으로 양팔을 붙잡고 위협 할 때,

② 자세를 낮추면서 양 손목을 바깥으로 비틀어 올린다.

③ 동시에 양손을 비틀어 상대 안 손목을 움켜잡는다.

④ 동시에 양손을 상대 안 손목을 재차 걸어 잡는다

⑤ 왼발을 길게 뒤로 빼딛고 양손에 힘을 주어 아래로 힘껏 당긴다.

⑥ 동시에 양팔에 힘을 주어 왼편으로 비틀어 던지듯 넘어뜨려 제압한다.

TIP 상대가 내민 앞발 반대방향으로 내던져야 비교적 제압하기 용이하다.

① ② ③

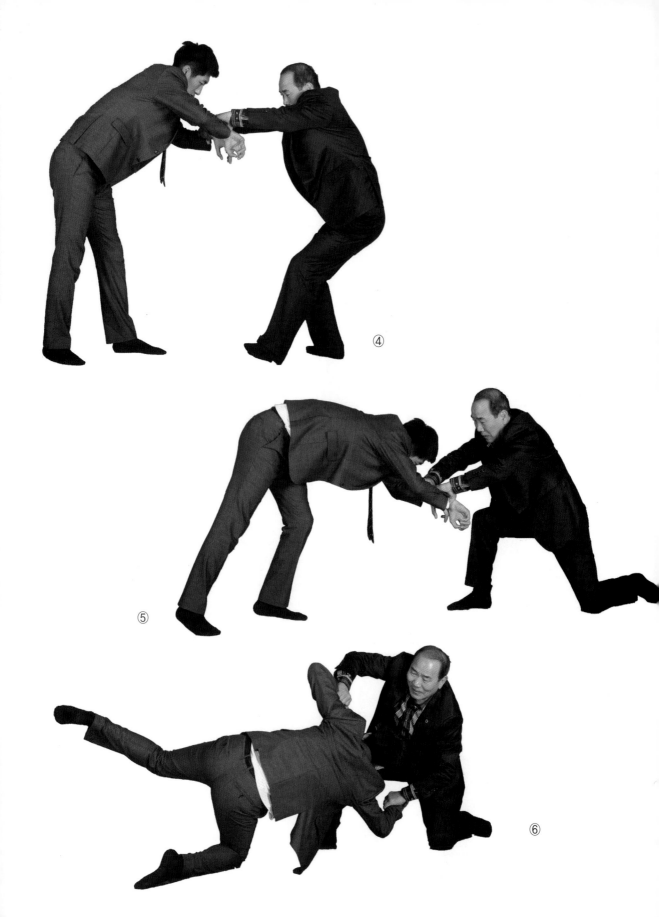

④

⑤

⑥

10. 어깨 관절 당겨 꺾어 제압하기술

상대가 왼손으로 손목을 잡고 오른 손으로 같은 팔 어깨를 붙잡고 위협할 때, 순간 기지를
발휘해 발로 낭심을 걷어차거나 자유로운 오른 손을 이용해 타격술로 제압할 수도 있다. 그
러나 상황에 따라서는 타격술 대응보다는 곧바로 제압술을 구사해 탈출하고 상대를 제압하
는 것도 방법 중하나이다.

요 령

① 상대가 왼 손으로 왼 손목을 붙잡고, 오른 손으로는 어깨를 붙잡고 위협 할 때,
② 자세를 낮추면서 왼발을 상대 우측면으로 넓게 벌리는 동시 왼팔을 상대 우측 허리쪽으
   로 당겨 벌린다.
③ 동시에 왼 손목을 떼어내 상대 어깨위로 올리고 양손으로 깍지를 끼어 잡는다.
④ 동시에 깍지 낀 양손을 상대 어깨 관절 부위를 걸어 당기며 아래로 누른다.
⑤ 동시에 양손에 더욱 힘을 부여해 상대가 바닥에 넘어뜨리기 좋은 낮은 자세를 갖춰 당겨
   누른다.
⑥ 동시에 양손에 힘주어 상대를 앞으로 돌려 당겨 바닥에 넘어뜨려 제압한다.

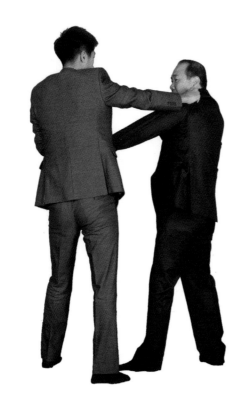

①

②

③

④

⑤

⑥

11. 양손 멱살 잡고 위협할 때

목 비틀어꺾어 제압하기

상대가 양손으로 멱살을 움켜잡고 목을 조르거나 몸을 흔들며 위협하면 대처함에 난감할 때가 있다. 위기탈출은 상대의 약한 부위 즉 급소를 공격하여 모면하는 것이 최상책이다. 상대가 양손으로 멱살을 잡으면 반면에 하단은 거의 무방비 상태가 된다. 그렇다고 무턱대고 급소부터 공격하면 상대가 눈치를 챌수가 있기에 먼저 멱살을 잡고 있는 양팔의 힘부터 빼는 것도 중요하다. 모든 것은 동시에 이뤄지도록 하는 것도 중요하다. 양팔뚝으로 상대의 팔 오금을 위에서 내려치는 것과 동시에 낭심을 걷어차게 되면 적중하게 되고 그 틈을 이용하여 제압기술을 구사해 빠져나온다.

요 령

① 상대가 양손으로 멱살을 움켜잡고 위협할 때
② 양팔을 위로 올려 멱살을 잡고 있는 상대의 팔오금을 내리 친다
③ 동시에 손가락으로 상대의 목 숨구멍(천돌)을 찌르고 동시에 낭심을 힘껏 걷어찬다.
④ 동시에 한손은 턱을 아래서 위로 잡고 다른 한 손은 상대 뒷머리채를 움켜쥔다.
⑤ 동시에 양손에 힘주어 목을 비틀어 넘어뜨려 제압한다.

①

②

②-①

③

③-①

④

⑤

⑤-①

Ⅱ. 호신권법 종합 기술편

머리채와 팔 잡아 끌 때 팔비틀어 제압술 (앞머리채잡고 유괴탈출)

이 해

골목길에서 흉악범이 갑자기 뛰어나와 여성의 머리채를 낚아채고 팔을 잡아끌고 갈려고 할 때, 누구라도 두렵고 당황스럽지 않을 수 없다. 그러나 평소 좋은 기술을 배우고 익혀두면 자신도 모르는 사이에 위기에서 탈출할 반응이 나오게 된다. 이 기술은 상대에게 끌려가면서 순간적인 스피드를 발휘해 도리어 상대의 팔을 비틀어 꺾어 제압하는 기술이다.

요 령

상대가 머리채와 한팔을 붙잡고 끌고갈 때

① 오른손으로 왼팔을 붙잡은 상대의 손목을 움켜 잡는다.

② 빠른 종종걸음으로 뛰어가며 상대 팔을 들어올리고 몸을 한바퀴 회전한다. (이때 상대는 자연히 양팔이 뒤편으로 꺾이게 된다.

③ 몸을 빠져나와 상대 뒤편에서 붙잡힌 왼팔을 빼내고 오른손으로 교체하여 붙잡는다.

④ 한손으로 상대의 손목을 붙잡고 다른 한손으로 상대의 목덜미 혹은 머리채를 붙잡는다.

⑤ 오른발로 상대 중심축 발 오금을 눌러 밟는다.

⑥ 양손에 힘을 주어 뒤로 당겨 넘어뜨려 제압한다.

①

①-①

② ③ ④

⑤

⑤-①

⑥

⑤

⑥

⑦

13. 뒤에서 목덜미를 붙잡혔을 때

이 해

상대가 뒤에서 목덜미를 잡고 당기거나 어떠한 실행을 하고자 할 경우, 더욱 몸을 민첩하게 움직여 상대가 직접적인 실행에 옮기기 전에 기술을 걸어 탈출하거나 제압해야 한다. 이때 상대를 제압술을 구사할 경우에는 타원형으로 몸을 밀거나 당겨 상대의 몸의 중심을 잃게 만들어야 원활히 제압할 수가 있다.

요 령

① 상채를 낮추면서 왼발을 상대 우측면 뒤로 길게 뺀다.
② 오른손으로 상대의 낭심을 힘껏 후려친다. 동시에 머리나 목덜미를 붙잡고 있는
   상대 팔 아래로 돌려 빠져나온다.
③ 몸을 일으키며 상대의 팔이 자신의 어깨로 걸리게 한다. 동시에 양손을 상대 팔꿈
   치 위로 올려 깍지를 끼워 맞잡는다.
④ 오른발을 길게 내뻗고 동시에 깍지 낀 양손에 힘주어 상대의 팔꿈치 부위를 힘껏
   잡아당긴다.
⑤ 상대를 앞으로 엎어지게 넘어뜨려 제압한다.

준비

①

② ③ ④ ④-① ⑤

Ⅱ. 호신권법 종합 기술편

제11장
선공 칠연술

선공 칠연술

칠연제압술은 일곱 가지 연속기술로서 상대방을 제압하는 기술을 말한다. 술기에서 상대의 손목이나 팔꿈치를 비롯해 각 관절을 제압대상으로 삼아 상대를 제압하기 위해서는 상대보다 빠른 스피드도 중요하지만, 무엇보다 힘이 대등하거나 아니면 상대가 월등히 힘이 셀 경우에는 한가지 기술로만 제압하기는 한계가 있다. 상대가 힘을 부여하기 전에 기술로 팔이나 손목이나 각 관절을 꺾을 경우에는 기술이 먹혀들어 제압할 수가 있지만, 위에서 설명 하듯이 상대가 힘을 주게 되면 결국은 쌍방 힘 싸움으로 이어질 가능성이 있는 것이다. 이에 상대가 힘을 부여하여 기술이 막혀 버리면 반대 기술로 혹은 다른 기술로 연결하여 연속적인 기술로 이어 구사함으로써 상대의 힘을 빼고 이를 이용 순간적으로 제압할 수가 있는 것이다.

요 령

상대와 맞대응 자세를 취한다. 상대가 왼발 앞에 둔 경우

① 몸 밀어들며 왼 손으로 상대 왼 손목(손등부위)을 위에서 움켜잡고 아래로 당겨 내린다.

② 동시 몸 상대 좌측면으로 약간 이동하면서 오른발로 상대 왼 무릎을 눌러 찬다.

③ 동시 오른 주먹으로 상대 목 경동맥 부위를 가격한다.

④ 동시 오른 손을 상대 왼팔 오금을 후려치고 동시에 붙잡은 왼 손목을 어깨위로 들어 올려 팔을 뒤로 꺾는다. 동시 오른발뒤꿈치로 상대 왼발 오금을 뒤에서 당겨 찬다.

⑤ 동시 상대가 힘주어 뒤로 넘어가지 않을 경우 다시 상대의 팔을 안으로 꺾는다. (이때 오른 손을 상대 팔을 떼지 말고 오금을 붙잡은 채로 팔뚝부위로 밀어 상대 팔을 안으로 꺾는다)

⑥ 동시 상대가 버틸 경우 다시 오른 손을 상대 팔위로부터 집어넣어 상대손목을 붙잡고 있는 자신의 손목을 움켜잡는다. 동시 상대 팔을 끼워 잡은 양팔에 힘주고 동시 오른발로 상대 오금을 걸어 당겨 뒤로 꺾는다.

⑦ 동시 상대가 힘주어 버티며 넘어지지 않을 경우, 다시 상대 좌측면으로 이동한다. 동시 몸 자세를 낮추고 상대 팔에 매달리듯 (앉는 자세) 종종걸음으로 뒤로 물러나며 양팔에 힘주어 당기며 최종 상대 팔을 옆으로 비틀어 상대를 뒤로 넘어뜨려 제압한다.

준비

①

②

③

④

④-①

⑤

⑤-①

⑥

⑥-①

⑥-②

⑦

⑦-①

⑦-②

⑦-③

⑦-④

제12장
단검 제압술

단검 혹은 이와 유사한 길이의 날이 있는 흉기를 복부나 얼굴 목을 겨냥해 위협하게 되면, 전문가라 하더라도 긴장하지 않을 수 없다. 칼의 위협에 직면할 경우 어떤 경우라도 두려워하거나 당황하면 절대 안 된다. 인체구조상 두려움을 갖거나, 너무 긴장하거나 당황하게 되면 몸의 근육이 수축되어 굳어져가기에 제압기술이 원활하지 못하다. 담대한 마음으로 상황판단을 해야 한다. 모든 기술이 그러하듯이 칼 제압기술 역시 동시에 이뤄져야 한다.

첫째가 거리조절이다 칼끝이 몸의 부위에 어느 정도 접근해 있는가에 따라 제압하는 기술이 다르기 때문이다.

둘째는 스피드다. 상대가 아차 하는 순간에 제압해야 한다. 상대가 눈치를 채고 제압기술을 발휘하는 순간 칼을 빼 다른 신체 부위로 연속해 공격해 들어온다면 곤란을 당할 수 있기 때문이다.

셋째는 신체 부위에 맞닿아 있는 칼 끝에 상처를 입지 않기 위해서는 제압기술을 구사하는 순간 몸을 뒤로 혹은 좌우로 빼내 칼끝과의 거리를 조절해야 하기 때문이다.

넷째는 칼을 제압하는 기술과 동시에 칼을 쥔 상대의 안면이나 급소 등을 가격하여 더 이상 대응하지 못하게 해야 한다.

다섯째는 상대의 칼을 빼앗기 위해 손목이나 칼을 붙잡고 상대와의 힘 싸움을 해서는 아니 된다. '뱀을 잡기 위해서는 뱀 머리를 공격해야 한다.'는 말처럼 한손으로 칼 쥔 손이나 팔을 잡고 다른 자유로운 손으로 상대의 약점을 공격함으로 인해, 상대가 다른 공격을 할 의지를 꺾어 놓으면 칼은 자동으로 빼앗을 수 있기 때문이다.

이처럼 단검 즉 칼의 위협으로부터 모면하고 제압하기 위해서는 먼저 기술적 필요 이론 준비 무장을 한 후에 제압기술을 구사해야 자신의 소중한 생명을 지키고 구할 수 있다.

단검 제압술

1) 뒤에서 목에 칼을 대고 위협할 때 제압술

요 령

① 뒤에서 왼손으로 왼 어깨를 붙잡고 오른손으로 오른쪽 귀밑 목에 칼을 대고 위협할 때

② 오른발을 뒤로 물러 빼며 동시에 오른 손을 펴 칼쥔 상대 팔목 혹은 팔뚝을 힘껏 후려친다. 동시 목을 칼과의 거리를 떨어지게 한다.

③ 동시 오른 손과 왼 손으로 상대의 손목과 팔뚝부위를 잡는다.

④ 동시 양손에 힘주어 좌측면으로 밀어 올려 잡는다.

⑤ 동시 오른발로 낭심을 걷어찬다.

⑥ 동시 양손으로 상대의 팔을 가슴으로 올려 잡는다.

⑦ 동시 왼발을 뒤로 길게 물러 빼냄과 동시 자세를 낮추며 동시에 오른손으로 상대 팔꿈치 부위를 움켜잡는다. 동시에 양손에 힘주어 아래로 힘껏 당긴다.

⑧ 동시 더욱 힘주어 당겨 상대를 바닥에 넘어뜨린다.

⑨ 동시 바닥에 넘어뜨려 칼 쥔 팔을 양손과 함께 무릎으로 눌러 잡고, 칼을 빼앗아 제압한다.

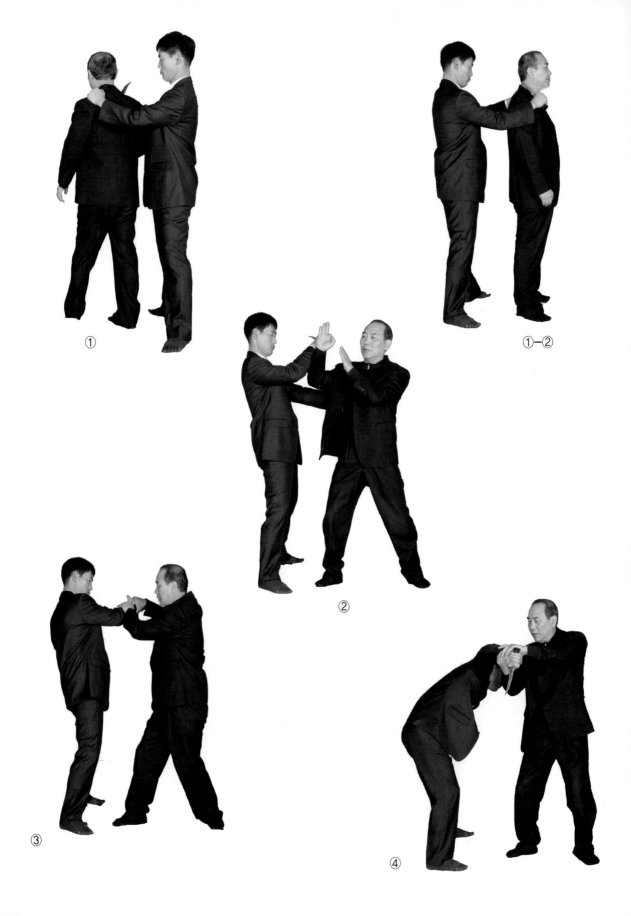

①   ①-②

②

③

④

2) 등에 칼을 들이대고 위협할 때 제압술

요 령

① 상대가 등 뒤에서 왼손으로 왼 어깨를 잡고, 오른 손으로 칼을 잡고 등허리에 대고 위협할 때

② 왼발을 상대 우측 앞으로 전진, 빼며 몸을 반 회전함과 동시 오른팔로 칼 쥔 상대방 팔을 후려친다.

③ 동시 왼 손으로 칼 쥔 상대 안 손목을 엄지손가락 부위와 겹쳐 움켜잡고, 동시에 왼 손은 상대손목을 아래서 위로 올려잡는다.

④ 동시 양손에 힘주어 상대 팔을 들어 올려 뒤로 비틀어 꺾는다.

⑤ 동시 왼발을 뒤로 물러 빼고, 상대 팔을 아래로 눌러 꺾는다.

⑥ 동시 양손에 힘을 더욱 주어 상대를 바닥에 주저앉힌다.

⑦ 동시 상대를 바닥에 눕히고 양손 잡은 채로 오른 무릎으로 상대 팔을 눌러 움직이지 못하게 한다.
동시 칼을 빼앗아 제압한다.

①

②

③

③-①

④

⑤

⑥

⑦

3) 정면에서 어깨를 붙잡고 목에 칼을 대고 위협할 때 제압술 (정면에서 목에 칼을 대고 위협할 때)

요 령

① 상대가 정면에서 왼손은 오른 어깨를 붙잡고, 오른 손은 왼 귀밑 목에 칼을 들이대고 위협할 때

② 왼손을 펴 칼 쥔 상대 손목을 밀어쳐 칼과 목과의 거리를 둔다. 동시에 오른손으로 상대 낭심을 후려쳐 순간 힘을 뺀다.

③ 동시에 오른손은 칼 쥔 상대 팔꿈치와 팔 관절 바깥 부위를 아래서 위로 움켜잡는다.

④ 동시 양손에 힘을 줘 상대 팔을 뒤로 꺾는다.

⑤ 동시 오른손을 상대팔 바깥으로 집어넣어 양손을 겹쳐 잡는다. 동시에 상대 팔을 뒤로 더욱 꺾는다.

⑥ 동시 상대 팔을 아래로 당겨 꺾고 상대를 바닥에 뒤로 주저앉힌다.

⑦ 동시 상대를 바닥에 뒤로 눕혀 완전히 제압한다.

4) 반대옆구리 돌려 찌를 때 제압술 1

요 령

① 상대가 오른 손에 칼을 잡고 오른 옆구리를 돌려 찌를 때, 오른팔로 상대 팔뚝부위를 밀어쳐 막는다.

② 동시 왼손으로 상대 손목을 움켜쥔다.

③ 동시 막은 오른팔을 전환하여 칼쥔 상대 팔목을 아래서 위로 올려 잡고 위로 들어올린다.

④ 동시 양손에 힘주어 상대 팔을 뒤로 꺾는다.

⑤ 동시 왼발을 뒤로 물러 빼며 양손에 더욱 힘을 주어 상대를 바닥에 눕힌다.

⑥ 동시 무릎과 한손을 이용하여 상대를 움직이지 못하게 구속하고 칼을 빼앗아 제압한다.

①

②

③

④

⑤

⑥

5) 반대옆구리 돌려 찌를 때 제압술 2

요 령

① 상대가 오른 손에 칼을 쥐고 오른 옆구리를 돌려 찌를 때, 오른발을 뒤로 물러빼며 몸을 우측으로 비틀며 왼 손바닥으로 상대 팔목 혹은 팔뚝을 밀어 친다. 동시 오른 손바닥으로 재차 밀어쳐 안전하게 방어한다.

② 동시 왼손을 순간적으로 칼쥔 상대 손목과 엄지손가락 부위를 겹쳐서 움켜쥔다.

③ 동시 오른 손을 상대 손목을 아래서 위로 움켜쥠과 동시 위로 들어 올린다. 이때 물러뺀 오른발을 원위치로 당겨 양발 벌려 편한 자세를 취한다.

④ 동시 양손에 힘 주어 칼쥔 팔을 뒤로 밀어 꺾는다.

⑤ 동시 오른발로 벌려있는 상대 앞발 (왼발) 옆무릎을 밀어 찬다.

⑥ 동시 몸을 앞으로 이동하며 주저앉은 상대 팔을 뒤로 밀어 꺾어 상대를 뒤로 넘어뜨려 무릎으로 칼쥔 팔을 눌러 칼을 빼앗아 제압한다.

① ①-①

①-②

②

③

④

⑤

⑥

⑥-①

6) 앞섶을 잡고 칼을 목에 대고 위협할 때 제압술

(팔을 잡고 목에 칼을대고 위협할 때제압술1)

요 령

① 상대가 왼손으로 윗옷 앞섶을 잡고 오른 손으로 칼을 쥐고 오른 귀밑 아래 목에 대고 위협할 때

② 동시 왼손을 칼쥔 상대 손목을 밀어치며 움켜쥔다. 동시 왼손으로 옷을 붙잡은 상대 왼손목을 오른 손 날로 내려친다. 동시 몸을 비틀어 칼과의 간격을 멀리한다. (모든동작을 동시에 순간적으로 해야 한다.)

③ 동시 오른손을 왼손과 함께 칼쥔 상대 손목부위를 겹쳐 잡는다.

④ 동시 양손에 힘주어 상대 손목을 위로 올려 팔을 뒤로 꺽는다.

⑤ 동시 칼 쥔 상대 팔을 양팔 안으로 끼워 넣고 오른 손을 왼 손목을 잡아 뒤로 꺾는다.

⑥ 동시 왼발을 옆으로 벌려 내딛고 꺾인 팔을 아래로 당겨 상대를 주저앉힌다.

⑦ 동시 상대를 뒤로 넘어뜨려 칼을 빼앗아 제압한다.

①

②

③

④

④-①

⑤

⑥

⑥-①

7) 정면에서 칼끝을 목에 대고 위협할 때 제압술

(정면에서 목에 칼을 들이대고 위협할 때 제압술)

요 령

① 상대가 정면에서 오른 손에 칼을 잡고 칼끝을 정면 목에 대고 위협할 때

② 동시 상체를 뒤쪽으로 비틀어 칼과의 간격을 벌린다. 동시 왼손은 칼쥔 상대 오른 손등과 손날 부위를 겹쳐잡고, 동시 오른 손은 손목을 아래서 위로 올려 잡고 비틀어 올린다. (동시에 구사)

③ 동시 양손에 힘주어 칼쥔 상대 손을 뒤로 밀어 꺾는다.

④ 동시 왼발을 뒤로 물러 뺀다. 동시 칼쥔 상대 손목을 아래로 비틀어 꺾는다.

⑤ 동시 상대 팔을 더욱 애래로 비틀어 꺾어 상대를 바닥에 주저 앉힌다.

⑥ 동시 상대 몸을 뒤로 넘어 뜨린다.

⑦ 동시 무릎으로 칼 쥔 상대 팔을 누르고 칼을 빼앗아 제압한다.

8) 정면 얼굴 좌우로 연속 후려칠 때 제압술

① 상대가 정면에서 오른손에 칼을 들고 좌우 얼굴을 후려치며 공격 할 때

② 오른 손날로 왼 얼굴을 칼로 후려치는 상대 오른 손목을 맞받아치며 막아낸다.

③ 동시 상대가 팔을 빼내어 오른 얼굴을 후려 칠 때 오른 손날을 엎어 그대로 맞받아 쳐 막아낸다.

④ 동시 오른 손날로 막은 손을 칼쥔 상대 팔을 손으로 걸어 아래로 당겨 내림과 동시 왼손으로 상대 손목을 움켜쥔다.

⑤ 동시 양손에 힘주어 칼쥔 상대팔을 들어올림과 동시 왼발을 우측으로 이동회전하며 팔을 뒤로 꺾는다.

⑥ 동시 왼발을 좌측 뒤로 벌려 딛고, 양손에 더욱 힘주어 팔을 아래로 당겨 꺾어 상대를 바닥에 주저앉힌다.

⑦ 동시 상대를 바닥에 뒤로 넘어뜨린다.

　동시 손과 무릎으로 칼쥔 상대 손을 누르고 칼을 빼앗아 제압한다.

①

②

④

③

⑤

⑥

⑦

9) 칼끝을 아래로 향해 잡고 얼굴을 내려 찌를 때 제압술 1

요 령

① 상대가 칼끝을 아래를 향하게 잡고 얼굴을 내려 찌르기 위해 위협할 때는 공방에 편리할 거리 조절을 한다.

② 상대가 위에서 얼굴을 내려 찌른다. 동시에 양손을 펴 칼쥔 상대 손목을 엇갈리게 맞받아치듯 걸어 막는다.

③ 동시 양손을 틀어 돌려 상대 손목을 붙잡고 아래로 내린다.

④ 동시 칼쥔 상대 팔을 좌측 바깥으로 당겨 밀어낸다.

⑤ 동시 왼 손은 칼쥔 상대 손목을 잡은 채 오른 손은 상대 머리카락을 움켜쥔다.

⑥ 동시 몸 밀어 들며 상대 옆 무릎 (발오금쪽)을 밀어찬다.

⑦ 동시 상대를 바닥에 주저앉힌다.

⑧ 동시 왼발을 밀어들어 상대 칼쥔 팔을 뒤로 밀어 움직이지 못하게 구속한다.

⑨ 동시 양발로 칼쥔 상대 팔을 끼워 비틀고 칼을 빼앗아 완전히 제압한다.

① ② ③ ④ ⑤

10) 칼을 아래로 향해 잡고 얼굴을 내려 찌를 때 제압술 2

요령

① 상대가 오른 손에 칼을 아래로 향해 잡고 얼굴을 내려 찌를 때, 몸을 밀어들며 양손펴 상대 칼쥔 팔목과 손목 등 기타부위를 양 손날이 엇갈려지게 (위아래로)밀어 막는다.

② 동시에 양손을 틀어 돌려 칼쥔 상대 팔을 걸어 잡는다.

③ 동시에 양손에 힘주어 칼쥔 상대 팔을 아래로 내린다.

④ 동시에 칼쥔 상대 팔을 상대 뒤로 당겨 밀어 위로 올린다.

⑤ 동시에 칼쥔 상대 팔아래로 몸이동 빠져나가며 몸을 회전한다.

⑥ 동시에 상대 몸 뒤로 완전히 이동한다.

⑦ 동시에 오른 손을 칼쥔 상대 손목을 움켜잡고 동시 왼팔은 상대 어깨 부위를 잡은채 왼발 무릎 접어 정강이로 상대 팔을 누른다.

⑧ 동시에 상대를 바닥에 엎어지게 넘어뜨린다.

⑨ 동시에 상대의 칼을 빼앗아 제압한다.

① ② ③ ④ ⑤

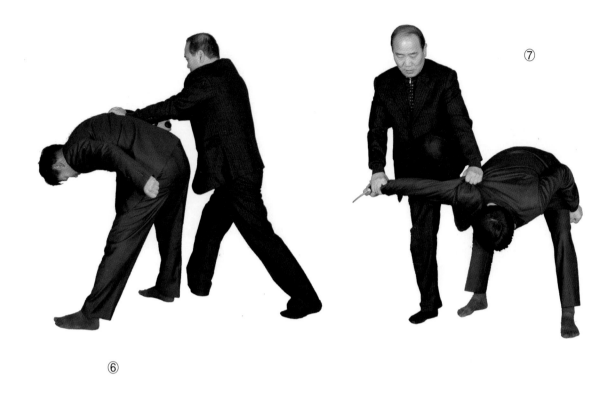

⑦

⑥

⑧

⑨

11) 정면에서 복부를 찔러올 때 제압술 1

(복부 찌를 때 1)

요 령

① 상대가 정면에서 오른 손에 칼을 정면으로 향하게 바로 잡고 복부를 길게 찌른다. 동시 왼 손목 접은 손날로 걷어 쳐내 막아낸다.

② 동시에 칼쥔 상대 손목과 손날부위를 겹쳐 잡고 동시에 상대팔을 위로 들어 올린다.

③ 동시에 왼손 칼쥔 상대 손목을 아래로부터 위로 움켜잡고 동시 왼발을 좌측면 뒤로 한걸음 물러 빼낸다.

④ 동시에 양손에 힘주어 상대팔을 뒤로 비틀어 꺾는다.

⑤ 동시에 양손에 더욱 힘주어 상대를 우측면으로 회전시키며 팔을 더욱 힘주어 비튼다.

⑥ 동시에 팔을 더욱 아래로 비틀어 당겨 상대를 뒤로 넘어뜨려 칼을 빼앗고 제압한다.

①

①—①

②

③

④

⑤

⑥

12) 정면에서 복부를 찔러올 때 제압술 2

(복부 찌를 때 2)

요 령

① 상대가 오른 손에 칼을 쥐고 복부를 찔러 올 경우 동시에 왼손날로 칼쥔 상대 손목을 후려쳐 막아낸다.

② 동시에 오른 손등으로 상대 오른 귀밑 경동맥 부위를 힘껏 후려친다.

③ 동시에 왼손은 아래로부터 위로 손목을 잡고 오른 손은 상대 바깥손날부위와 손목을 겹쳐 잡는다.

④ 동시에 양손에 힘주어 칼쥔 상대 손목을 안으로 밀어 꺾으며 팔을 위로 들어 올린다.

⑤ 동시에 칼쥔 상대 손목을 안으로 비틀어 밀어 꺾어 상대 상체를 앞으로 굽히게 한다.

⑥ 동시에 오른손으로 칼쥔 상대 손목을 붙잡고 동시 왼손은 상대 팔꿈치 위 부위를 눌러 어깨부위부터 바닥에 닿도록 팔을 눌러 꺾는다.

⑦ 동시에 칼을 빼앗아 완전히 제압한다.

① ①-①

② ③

① ①-①

② ③

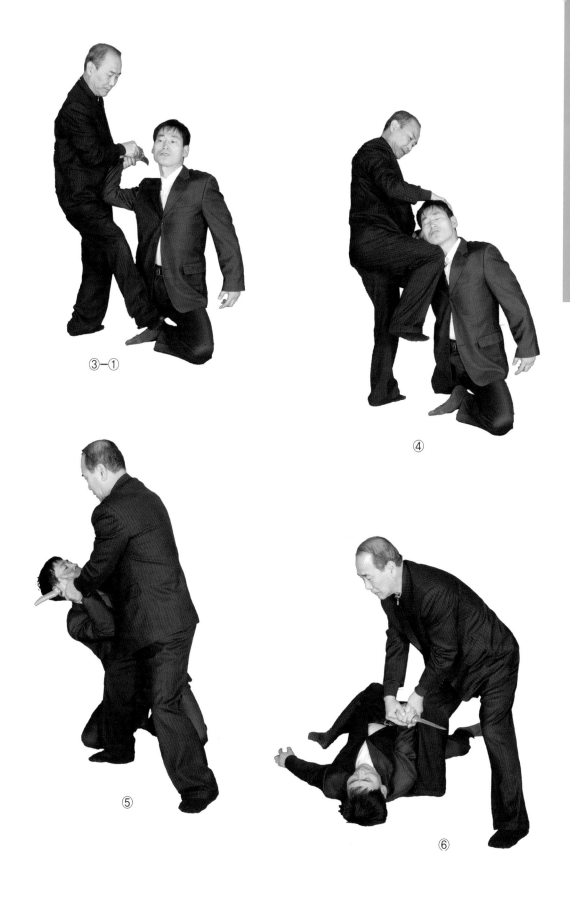

③-①

④

⑤

⑥

14) 복부를 찔러 올 때 제압술 4

요 령

① 상대가 오른 손에 칼을 잡고 복부를 찔러 올 경우 왼발을 뒤로 판한 한걸음 뒤로 물러 뺀다. 동시 오른 손날로 상대 손목(팔목 등)부위를 위에서 힘껏 내려친다.

② 동시에 왼 손날로 칼쥔 상대 안손날을 안에서 바깥으로 힘껏 후려친다.

③ 동시에 오른 손날로 재차 칼쥔 상대 손목을 위에서 힘껏 내려친다. 동시에 왼손으로 칼쥔 상대 손목을 아래로부터 올려 움켜쥔다(이때 대게는 칼을 떨어뜨리게 된다. 이쯤에서 칼을 떨어뜨리지 않고 쥐고 있을 경우는 다음의 제압술로 이어간다.)

④ 동시에 상체 앞으로 밀어들며 오른 손으로 상대 뒷덜미를 움켜잡고, 상체를 아래로 당겨 숙이도록 한다. 동시 왼손은 칼쥔 손목을 뒤로 밀어 팔을 꺾는다.

⑤ 동시에 오른손에 힘주어 상대를 앞으로 당겨 바닥에 주저앉힌다.

⑥ 동시에 왼손에 힘주어 칼쥔 상대 팔을 뒤로 밀어 돌려 바닥에 넘어뜨려 제압한다.

①

②

③

③-①

④

⑤

⑤-①

⑥

⑥-①

15) 복부와 얼굴을 연속 돌려 찌를 때

요 령

① 상대가 정면에서 오른손에 칼을 쥐고 복부를 찔러 들어올 경우, 왼손펴 칼쥔 상대 안 손목을 후려쳐 막 아낸다. 동시 상대가 몸통 바깥 옆구리를 돌려 찌르는 것에 대해 왼팔목으로 후려쳐 막아낸다.

② 동시 상대가 가슴을 돌려 찌르는 것에 대해 왼 손바닥으로 밀어쳐 막아낸다. 동시 왼 얼굴을 돌려 찌를 때 왼 손날바깥으로 상대 손목을 후려쳐 막아낸다.

③ 동시 상대가 팔을 빼 오른 얼굴을 돌려 찌를 때, 오른 손 들어 밀어쳐 막아낸다.

④ 동시 상대가 정면 얼굴을 찌를 때 양 손날 엇갈리게 상대 손목을 아래서 위로 올려쳐 막아낸다.

⑤ 동시에 양 손날 돌려 상대 팔목을 움켜잡고 동시에 양손에 힘주어 칼쥔 상대 팔을 아래로 당겨 내린다.

⑥ 동시에 상대팔을 들어 올림과 동시 발을 옮겨 칼쥔 상대 팔 아래를 지나 상대 뒤로 이동한다.

⑦ 동시 양손에 힘을 주어 칼쥔 상대 팔을 아래로 당겨 내려 상대 몸을 찌르도록 한다. (그러나 실전에서 칼로 상대를 찌르는 것은 제한 적이기에 다음 제압술로 이어간다.)

⑧ 동시 칼쥔 상대 팔을 뒤로 당겨 비틀어 꺾는다. 이어 칼을 빼앗아 제압한다.

⑥-①

⑦

⑧

⑧-①

제13장
권총 제압술

권총 제압술

권총 제압술은 단검 제압술 보다 위험수위가 월등히 높다. 실탄을 장착한 채, 정면 혹은 측면 후면 기타 방향에서 자신을 겨루고 있다면 두렵지 않을 수 없을 것이다. 생사여탈이 방아쇠를 쥔 손가락하나에 결정 될 수 있기에 제압하다가 아차 하는 실수를 범하게 되면, 바로 생명을 잃을 수 있기 때문이다. 그렇다고 마냥 두려움에 떨어 상대가 원하는 대로 위협에 당하고 있을 수만은 없다. 무엇인가는 대항하여 위협에서 탈출하여 목숨을 부지하고 가능하면 상대를 제압하는 것이 무술고수가 해야 하는 사명일 것이다. 그렇다고 어설프게 제압하다가 도리어 제압당하거나 황천길로 가기에 많은 기술과 반복된 훈련은 무엇보다 중요하다. 권총제압술은 단검제압술보다 더욱 완전한 기술이 요망된다. 그 첫째, 죽음도 두려워하지 않는 '용기'와 자신감이 필요하다. 둘째, 정확한 기술을 선택해야한다. 셋째, 스피드기술이 필요하다. 넷째, 기술을 구사할 때 손기술만 필요한 것이 아니라 몸의 이동이 동시에 이뤄져야한다. 즉 표적되어 있는 몸과 권총구와 간격을 두어야 한다. 다섯째가 거리조절이 필요하다. 여섯째가 손기술과 동시 발기술로 (낭심 타격 등) 동시 타격하는 연속기술이 필요하다. 어떤 경우라도 당황하거나 긴장하여 어설프게 기술을 구사하여 목숨을 잃게 되면 큰일임을 각인하고 또 각인해야한다.

1) 권총을 복부에 대고 위협할 때 제압술

요 령

① 상대가 왼손은 어깨를 잡고 오른 손으로 권총을 복부에 대고 위협할 경우

② 오른 손으로 권총을 쥔 상대 손목을 아래서 위로 힘차게 올려치고, 동시 왼손은 총열부위를 위에서 아래로 밀어치고, 동시 몸 바깥으로 비틀어 잡고, 상대 손에서 권총을 이탈시켜 빼앗는다.

③ 동시에 권총을 빼앗고 개머리판으로 상대 관자놀이 부위를 후려친다.

④ 동시에 낭심을 걷어차 제압한다.

①

②

②-①

②-②

③

④

2) 권총을 얼굴에 대고 위협할 때

요 령

① 상대가 왼손으로 오른 쪽 어깨를 잡고 오른 손 권총을 얼굴에 대고 위협할 때

② 상체를 우측으로 비틀어 피함과 동시 오른 손으로 권총쥔 오른손목을 위에서 아래로 후려친다. 동시 왼손은 총열아래(방아쇠) 부분을 겹쳐 잡으며 위로 밀어 친다.

③ 동시에 오른손은 상대 손목을 잡아당기고 동시 왼손으로 움켜쥔 권총을 뒤로 밀어 꺾는다.

④ 동시에 양손에 더욱 힘을 줘 완전히 뒤로 꺾어 권총을 빼앗는다.

⑤ 동시에 오른 손으로 상대 손목과 손등부위를 겹쳐 잡은 손을 뒤로 꺾으며 동시에 오른손은 상대 손가락 혹은 손날부위를 뒤로 비틀어 꺾는다.

⑥ 동시에 양손에 더욱 힘을 주어 상대팔을 아래로 비틀어 꺾어 내린다.

⑦ 동시에 상대 몸을 뒤로 넘어뜨려 제압한다.

①

②

③

④

⑤

⑤-①

⑥

⑦

3) 권총을 측면에서 관자놀이에 대고 위협할 때 제압술

요 령

① 상대가 좌측면에서 오른손으로 권총을 관자놀이에 대고 위협 할 때

② 상체를 뒤로 젖혀 머리와 권총의 간격을 벌린다. 동시에 왼손으로 바깥에서 안으로 권총 열을 밀어 치며 움켜잡는다. (이때 발을 약간 벌리며 움켜잡기 좋게 자세를 약간 낮춘다.)

③ 동시에 오른 손으로 권총잡은 상대 권총을 아래로부터 위로 움켜잡고 뒤로 꺾는다.

④ 동시에 양손에 힘주어 권총 쥔 상대 손목을 뒤로 밀어 꺾는다.

⑤ 동시에 양손에 더욱 힘주어 권총 쥔 상대 팔을 뒤로 꺾고 동시 상대 발 오금을 밀어 차 상대를 바닥에 주저앉힌다.

⑥ 동시에 권총을 빼앗아 제압한다.

①

②

②-①

③

④

⑤

⑤-①

⑥

⑥-①

4) 권총을 등에 대고 위협할 때 제압술

요 령

① 상대가 등 뒤에서 왼손은 어깨를 잡고, 오른 손으로 권총을 등에 대고 위협 할 때

② 왼발을 우측면으로 이동하면서 몸 우측 뒤로 돌림과 동시 오른팔을 접어 위팔뚝 부위로 권총 쥔 상대 우측 바깥 팔목 부위를 힘껏 후려친다.

③ 동시에 왼 손으로 권총열부위를 움켜잡는다. 동시에 오른손은 권총 쥔 상대 손날과 손등 부위를 아래서 부터 위로 겹쳐 잡는다.

④ 동시에 왼발을 뒤로 물러빼며 양손에 힘주어 권총 쥔 상대 손목을 뒤로 꺾는다.

⑤ 동시에 권총 쥔 상대 팔을 뒤로 꺾어며 아래로 당겨내린다.

⑦ 동시에 권총 쥔 상대 팔을 뒤로 더욱 꺾어 당겨 뒤로 넘어뜨린다.

⑧ 동시에 상대를 뒤로 넘어뜨려 권총을 빼앗아 제압한다.

①

②

③

④

⑤

⑥

⑦

⑧

5) 권총을 뒤통수에 대고 위협할 때 제압술

요 령

① 상대가 등 뒤에서 오른손으로 권총을 뒤통수에 대고 위협할 때

② 동시 자세를 낮추면서 권총과의 간격을 벌린다. 동시에 양손을 머리위로 올려 권총열 부위를 아래위로 움켜잡는다.

③ 동시에 왼발을 상대우측면 뒤로 물러 빼고 권총을 아래로 비틀어 꺾는다.

④ 동시에 권총을 상대 우측면 옆구리 부위로 비틀어 당겨 상대 팔이 꺾이도록 한다.

⑤ 동시에 상대 몸 뒤로 이동하며 상대 팔을 꺾는다.

⑥ 동시에 왼손은 권총열을 움켜잡고 위로 밀어 상대 손목을 꺾고, 오른 손은 상대 팔 관절을 눌러 꺾는다. 동시 양손에 힘주어 상대를 바닥에 주저앉힌다.

⑦ 동시에 양손에 더욱 힘주어 상대머리가 바닥에 닿도록 누른다.

⑧ 동시에 권총을 빼앗아 제압한다.

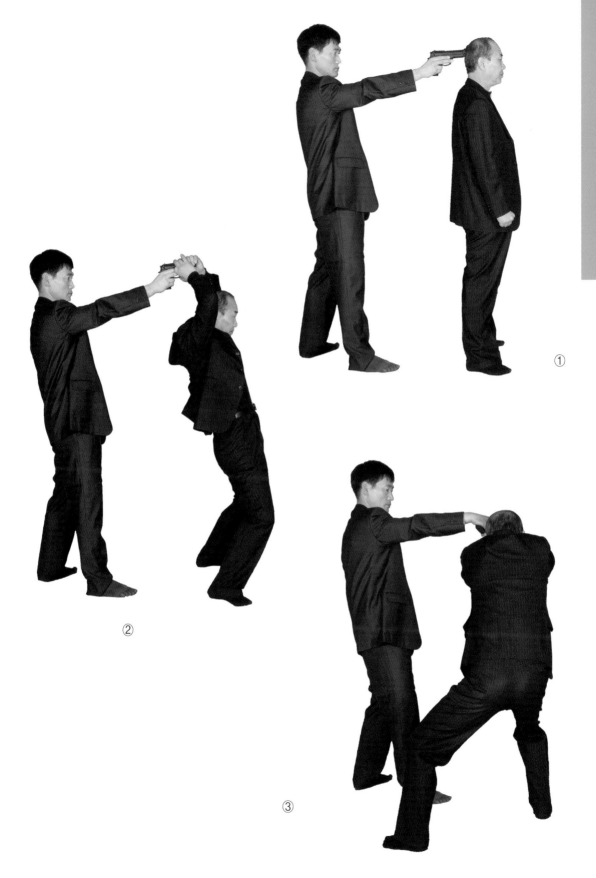

①

②

③

④

⑤

⑥

⑦

⑧

호신권법 연혁 & 사진으로 본 역사

Hosin kwon bub Poto History

호신권법 창시 바탕 & 연혁

1976년 08월 고등학교 2학년 시절 태권도 수련에 매진할 때, 여름방학을 맞아 고향 친구와 함께 소백산맥 허리인 경북 직지사 뒷산 황악산 기슭에서 텐트를 치고 합숙을 하면서 태권권법을 연구·수련했다. 이때, 호신권법 타격술의 근간인 '일방일타'와 '이방이타' '사방사타'의 기술을 착안했다. 당시의 권법 훈련이 오늘날 호신권법을 창시하게 된 밑바탕이 되었다.

1977. 08. 01 경북구미 태권도 태극도장 책임사범 (구미태권도단일도장1호)

1978. 04. 10경 경북김천 태권도 중앙도장 책임사범 (태권도 권법연구)

2003 본격적 권법연구 (세계액션무술영화 등 각종 미디어 자료를 통해 연구개발)

2009. 07. 10 부천경희대금메달태권도장 관장 (호신권법 기술완성)

2009. 날짜미정. 태권도 강덕원 원장, 파사권법 창시자, 대한태수도 전무이사, 육군사관학교 초대 태권도사범 고 "박철희" 사부님께 파사권법외 공수도 품새, 몽골 장권 등 2년간 사사받음

2012. 05. 06 평택방문 최승모관장님 자택방문, 김동진관장님 등과 권법관련 미팅

2012. 06. 30 세계호신권법연맹 명칭확정(홍진표부총재도장)

2012. 09. 22 호신권법 무술사범 지도자 연수교육

2012. 10. 27 제주도 호신권법 지부 임원위촉 & 세미나

2012. 11. 10 호신권법 세미나

2012. 11. 17 광운대학교 특수경비원 체포호신술 2차 강의

2012. 11. 28 양주 무림 태권도 체육관 특강

2012. 12. 05 온양전곡고려체육관 호신권법 특강

2012. 12. 22 세계호신권법연맹 창립총회

2013. 01. 10 인천 용인대 기백태권도 도장 특강

2013. 01. 14 부천백마태권도 체육관 특강

2013. 02. 24 무림픽위원 및 임원 위촉 식 김운용전총재님을 뵙고 권법에 대한 조언을 받음

2013. 05. 10 사) 한국무예진흥원과 업무협약

2013. 05. 15 사단법인 세계호신권법연맹 법인설립(문화체육서울시허가번호제2013-71)

2013. 06. 15 인천 부흥중학교 특강

2013. 07. 30 부산 태랑회 사범지도자 연수교육

2013. 08. 23 대한 시큐리티연구소(KSI)와 업무협약

2013. 08. 25 본 연맹 신림동 사무실 현판식

2013. 09. 11 경기북부지부협약

2013. 09. 20 세계태권검도연맹과 업무협약

2013. 10. 28 무예아카데미 제2기 최고지도자 과정 강의

2013. 11. 04 부산시협회 조인식

2013. 11. 03 부산시 제2차 3급 지도자 사범연수교육

2013. 11. 06 정읍경찰서 1, 2차 체포호신술 강의

2013. 11. 14 대구시 협회 조인식(회장 김경호 대구서구의원)

2013. 11. 22 인천시협회 지도자연수교육

2013. 12. 28 경남도 협회 지도자연수교육

2014. 01. 11 특공무술팀 지도자연수교육

2014. 01. 23 경인서부지역 특공무술팀 지부조인

2014. 01. 24 인천 신기쌍용합기도 특강

2014. 01. 25 경기북부협회 지도자연수교육

2014. 02. 08 대구시협회 1차 지도자연수교육

2014. 02. 26 본 연맹과 태권도 타임즈와 상호 발전을 위한 업무협약체결

2014. 03. 05 본 연맹 이전 (관악구 남부순환로172길20)허가 (재발급)

2014. 04. 02 본 연맹과 중앙아시아 태권도 연맹간 업무협약 체결

2014. 04. 26 동국대학교 PIA 민간조사 탐정 전문화과정 체포호신술 교육

2014. 04. 12 서울경제TV 조영구의 트랜드 핫 이슈 방송촬영

2014. 04. 17 부천 신정체육관 특강

2014. 05. 17 경기북부협회 제2차 경찰 무도팀 지도자연수교육

2014. 08. 30 국민생활체육 경기도 태권도연합회 지도자연수교육 전통태권호신무술 특강

2014. 09. 18 인천 만수여중 시범

2014. 09. 29 경기북부협회 3차 지도자연수교육

2014. 10. 15 수도방위사령부 헌병 특수임무부대 특수무술 강의

2014. 10. 18 대구시협회 2차 지도자연수교육

2014. 10. 20 본 연맹과 서강 전문대학교와 업무협약 및 경찰경호학과 특강

2014. 11. 08 본 연맹 연수원 사범 지도자 연수 교육

2014. 11. 11 음성경찰서 체포호신술 특강

2014. 11. 24 사)세계호신권법연맹 총회 및 송년회

2014. 12. 05 서울 강동고등학교 유도부 호신권법 특강

2014. 12. 09 우석대학교 태권도학과 1차 특강

2014. 12. 15 울산시협회 지도자연수교육

2015. 01. 14 경기도 포천 미래태권도장 초청 특강]

2015. 01. 17 임원 교육 및 천안 지부 조인식

2015. 01. 25 포천시지부 조인 및 공방십사타(타격술) 세미나

2015. 04. 02 사)세계합기도연맹과 업무협약체결

2015. 04. 07 강원도 지부 조인식

2015. 04. 14 지도자사범자격증 민간자격증 등록필(한국직업능력개발원 제1급2급3급)

2015. 04. 14 세계호신권법연맹 단증 등록필(한국직업능력개발원 제1단- 9단)

2015. 04. 24 미스코리아 경기후보 호신권법연수 교육 (연맹총재 예선심사위원장)

2015. 05. 02 미국 LA 무도태권도협회 사범 연수교육 (2015. 05. 01- 07)

2015. 06. 08 케나다 퀘백 지부 조인식

2015. 08. 03 세계다문화 태권도대회 호신권법 시범

2015. 08. 09 제2차 공방타격술 (공방십사타) 세미나

2015. 10. 18 군경위원회 지도자연수교육

2015. 11. 12 우석대학교 태권도학과 2차 특강

2015. 11. 25 우석대학교 태권도학과 3차 특강

2015. 11. 28 본연맹과 사)국제영상위원회 및 사)식량나눔재단 업무협정체결 및 임원회의

2015. 12. 14 전북경찰청 기동경찰관 체포호신술 특강

2015. 12. 14 전북경찰청장(김재원) 감사장 수상

2016. 01. 26 제3군야전사령부 태권도 교관 1차교육

2016. 07. 09 경기대학교 서비스경영대학원민간조사 특강

2016. 09. 11 구미시 유도지부협회 업무협약 및 특강

2016. 09. 14 대한민국항공보안협회 특수경비 항공보안요원 교육

2016. 11. 03 멕시코 중부지부연맹 초청방문 순회세미나

2017. 04. 13 경기경찰청 광역수사대 특강

2017. 04. 17 경기경찰청 기동경찰관 특강

2017. 04. 22 모로코지부와 UAE (아랍에미레이트)지부 업무협약체결 (회장 Abdelaali Majdaoui)

2017. 06. 13 서강 전문대학교 초청 경찰경호학과 특강 및 특강교수위촉

2017. 07. 01 대한민국 항공보안협회 항공보안 특수 경비원 체포호신술 교육

2017. 08. 10 글로벌 뉴스통신과 업무협약

2017. 10. 22 멕시코중부지부 초청 2차 방문 순회세미나

2018. 01. 01 캄보디아 한인회(회장박현옥)와 업무협약(재캄한인회명예회장위촉)

2018. 01. 08 대한민국항공보안협회 항공보안 특수경비원체포호신술

2018. 01. 18 법무부 서울동부구치소 신용해소장님과 미팅 및 시범(유관섭상임부총재활약)

2018. 01. 20 항공보안 특수경비원 체포호신술 교육

2018. 02. 10 대한민국 야전군 사령부 태권도교관 특강 및 사령관 감사패수여

2018. 02. 28 법무부 서울 동부구치소(소장신용해)와 업무협약 MOU

2018. 03. 15 한국민간조사협회(유우종회장)와 업무협약체결

2018. 03. 18 국제기구세계녹색기후기구와 업무협약

2018. 03. 28 사)한국선진문화체육연합과 업무협약

2018. 04. 05 법무부서울동부구치소 체포호신술 지도자 전문과정 8주 연수교육

2018. 04. 26 서울구로경찰서 체포호신술 교육

2018. 05. 04 수료식 및 감사장 표창장 수여

2018. 05. 10 한류위원회와 업무협약

2018. 05. 12 경기미스코리아선발대회 본선후보 호신권법연맹방문 인성 및 호신술연수

2018. 05. 16 경민 대학교 태권도학과(처장김원섭) 호신권법특강

2018. 05. 19 항공보안요원특수경비원 채포호신술 교육

2018. 08. 02 글로벌 선진학교 홍병진 태권도아카데미 원장 미팅

2018. 08. 03 홍콩 동아시아태권도 연맹 문명곤 회장 제자대동 홍콩지부관련미팅

2018. 09. 02 모로코지부 초청방문 순회세미나

2018. 09. 14 호주 오스트레일리아 지부연맹 체결

2018. 10. 18 법무부서울남부구치소(소장신용해) 방문미팅

2018. 10. 26 재단법인 경기도태권도협회(회장김경덕)방문 미팅

2018. 11. 02 멕시코중앙지부연맹초청3차방문 승단심사, 순회세미나

2018. 12. 06 광명꿈쟁이 초등학생동아리팀 양성 교육협약

2018. 12. 11 경기북부지역법무보호전진대회 의정부교도소장표장수상

2018. 12. 13 법무부 서울구치소(소장윤재홍) 도서기증행사

2018. 12. 20 법무부서울남부구치소(소장신용해)와 업무협약 및 도서기증

2019. 01. 02 글로벌선진학교 사범 호신권법교육

2019. 01. 10 재단법인 경기도태권도협회 태권호신무술 중국태권도사범 강의

2019. 01. 18 항공보안요원 체포호신술 교육

2019. 01. 19 서울남부구치소 체포호신술 지도사범위촉

2019. 01. 21 KBS스포츠예술과학부스포츠예술학부지도교수위촉

2019. 02. 25 인도네시아 대사관방문 1등서기관 뿌르노 위도도 군경지도자양성관련 미팅

2019. 01. 14 법무부서울남부구치소 (소장 오홍균)체포호신술 지도자 전문과정 수료식

2019. 02. 23 재단법인 경기도태권도협회 지도자고급과정 호신무술 교육

2019. 03. 06 법무부안양교도소(소장 신용해고위공무원)와 업무협약 체결

2019. 03. 20 안양교도소 체포호신술 지도사범위촉

2019. 03. 25 안양교도소 교도관 체포호신무술 전문지도자과정 연수

2019. 04. 01 중국심양 구단인 연맹 초청 재단법인 경기도태권도협회임원 동행 방문 세미나

2019. 06. 17 영월교도소 체포호신무술 전문지도자과정 연수

2019. 07. 13 재단법인 경기도태권도협회 지도자고급과정 호신무술 교육

2019. 07. 20 UAE (아랍에미레이트) 지부 두바이 초청 방문 세미나

2019. 09. 21 범죄퇴치운동본부 영등포지회 임원 호신권법 연수

2019. 09. 28 호신권법 제1기 지도교수전문과정 연수

고유번호증

(수익사업을 하지 않는 비영리법인 및 국가기관 등:본점)

고유번호 : 109-82-12624

단 체 명 : 사단법인 세계호신권법연맹

대 표 자 성 명 : 임성학   법인등록번호 : 254221-0006690

소 재 지 : 서울특별시 관악구 남부순환로172길 20, 3층(신림동)

발 급 사 유 : 정정

(유의사항)
(1) 이 고유번호증의 부여로 인해 민법 기타 특별법에 의한 법인격이 부여되는 것이 아닙니다.
(2) 수익사업을 하고자 하는 경우에는 사업자등록 신청 및 수익사업개시신고를 하고 납세의무를 이행하여야 하며, 미이행 시 가산세 등 세무상 불이익을 받을 수 있습니다.

2019 년 03 월 18 일

관악세무서장

○ 국세청

체육진흥과
허가번호 제2013-71호

법인설립허가증

☐ 법 인 명 : 사단법인 세계호신권법연맹

☐ 소 재 지 : 서울특별시 관악구 남부순환로172길 20(신림동)

☐ 대 표 자
- 성 명 : 임성학
- 주 소 : 경기도 광명시 가마산로 11,   동 202호(철산동,주공아파트)
- 주민등록번호 : 590911- 1*********

☐ 허가조건
1. 법인의 설립목적 달성과 목적사업의 원활한 수행을 위해 관계법령 및 정관의 제 규정을 준수하여야 함.
2. 다음 각 호에 해당된다고 인정될 때에는 법인설립 허가를 취소함
   가. 정관변경 허가 없이 기본재산을 임의로 처분하는 경우
   나. 정관변경 허가 없이 수익사업을 행하는 경우
   다. 정당한 이유 없이 설립허가를 받은 날로부터 6월 이내에 목적사업을 개시하지 아니할 때

「민법」 제32조 및 「문화체육관광부 및 문화재청 소관 비영리법인의 설립 및 감독에 관한 규칙」 제4조의 규정에 따라 위 비영리 체육법인의 설립을 허가합니다.
붙임 : 정관 1부

2013년 05월 15일
(재발급 : 2014. 03. 05.)

서울특별시장

제 2015-001864호

민간자격등록증

1. 등록자격관리자 : 사단법인세계호신권법연맹

2. 사업자등록번호 : 109-82-12624

3. 주소(소재지) : 서울 강서구 내발산동 751 마곡수명산파크 3단지아파트 상가동

4. 대표자

   성명 : 임성학   생년월일 : 19   년 09월 11일

   주소 : 경기 광명시 철산동 주공아파트 10단지   동 202호

5. 자격의 종류 및 등급 : 세계호신권법지도자자격증, 1급,2급,3급

6. 자격의 검정기준·검정과목·검정방법·응시자격 또는 교육훈련과정의 교과목·교육기관·이수기준·평가기준·평가방법에 관한 사항 : (민간자격 등록신청서 제출한 「민간자격의 관리·운영에 관한 규정」에 따름)

7. 등록에 따른 이행 조건 :
   가. 등록한 자격과 관련하여 광고하는 경우 자격의 종류와 등록번호, 해당 민간자격관리기관, 그 밖에 소비자 보호를 위해서 대통령령으로 정하는 사항 등을 반드시 표시하여야 함.
   나. 등록한 자격에 대하여 허위 또는 과장 광고하는 등의 행위는 관련법령에 의거 처벌받을 수 있음.
   다. 등록한 자격을 폐지하고자 하는 경우 반드시 신고하여야 하며, 등록된 자격의 명칭, 등급, 직무내용을 변경하고자 하는 경우 변경등록을 신청하여야 함.

「자격기본법」 제17조제2항과 같은 법 시행령 제23조제4항 및 제23조의2제 2항에 따라 위와 같이 민간자격에 대하여 등록하였음을 증명합니다.

2015년 04월 14일

한국직업능력개발원장

관리번호:009097

제 2015-001864호

민간자격등록증

1. 등록자격관리자 : 사단법인세계호신권법연맹

2. 사업자등록번호 : 109-82-12624

3. 주소(소재지) : 서울 강서구 내발산동 751 마곡수명산파크 3단지아파트 상가동

4. 대표자

   성명 : 임성학   생년월일 : 19   년 09월 11일

   주소 : 경기 광명시 철산동 주공아파트 10단지   동 202호

5. 자격의 종류 및 등급 : 세계호신권법연맹단증, 1단,2단,3단,4단,5단,6단,7단,8단,9단

6. 자격의 검정기준·검정과목·검정방법·응시자격 또는 교육훈련과정의 교과목·교육기관·이수기준·평가기준·평가방법에 관한 사항 : (민간자격 등록신청서 제출한 「민간자격의 관리·운영에 관한 규정」에 따름)

7. 등록에 따른 이행 조건 :
   가. 등록한 자격과 관련하여 광고하는 경우 자격의 종류와 등록번호, 해당 민간자격관리기관, 그 밖에 소비자 보호를 위해서 대통령령으로 정하는 사항 등을 반드시 표시하여야 함.
   나. 등록한 자격에 대하여 허위 또는 과장 광고하는 등의 행위는 관련법령에 의거 처벌받을 수 있음.
   다. 등록한 자격을 폐지하고자 하는 경우 반드시 신고하여야 하며, 등록된 자격의 명칭, 등급, 직무내용을 변경하고자 하는 경우 변경등록을 신청하여야 함.

「자격기본법」 제17조제2항과 같은 법 시행령 제23조제4항 및 제23조의2제 2항에 따라 위와 같이 민간자격에 대하여 등록하였음을 증명합니다.

2015년 04월 14일

한국직업능력개발원장

관리번호:009098

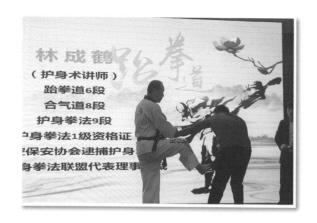

Ⅲ. 호신권법 연혁 & 사진으로 본 역사

무림픽 위원 및 임원 위촉식

책 편찬에 도움 주신 분들
those who helped me compile a book

출판사
법률출판사 대표 김용성   편집실장 한석희

사진촬영
고문 임종상

후원 (sponsor)
최고위원 김동봉   최고위원 박찬보
상임고문 한춘상   상임고문 김세운
상임고문 이희천   고문 이상길
고문 조홍래   고문 김영일
상임부총재 김선용   상임부총재 유관섭
상임부총재 강성오   부총재 남명자
부총재 김광식   부총재 김원태
이사 임명숙   이사 임명혜
이사 박경순

해외 지부 후원 임원 (overseas sponsorship)
Mexico 중앙지부 고문 (Central Federation Advisor) 박병한
Mexico 중앙지부회장 (central branch president) Guillermo Flores
UAE & Morocco 지부회장(branch president) Abdelaali Majdaoui
UAE 명예회장(honorary president) Mohammed Ibrahim Albadwawi

이론 감수 교정
상임고문 김철수   이사 김흥순   교사 김영주

기술출연사범
상임고문 박광일   자문위원장 김원섭
부총재 홍진표   사무총장 이대림
기술연구 위원장 김근태   군경위원장 정안철
교육위원장 고재섭   군경부위원장 최병락
홍보부장 선계원   사범 박산호
사범 이군호, 이소영, 이다영

저자소개

임성학

호신권법 창시자
사단법인세계호신권법연맹 대표이사장/총재
국제전문체포호신술협회 회장
세계태권도종합호신무술협회 회장
대한태권도호신술연구원 원장
대한민국탐정협회 공동회장
법무부 서울남부구치소 체포호신무술 지도사범
법무부 안양교도소 체포호신무술 지도사범
범무부 영월교도소 체포호신무술 지도사범
대한민국항공보안협회 체포호신무술 전문 지도강사
재단법인 경기도태권도협회 호신무술 전문 지도강사
법무부 서울동부구치소 교정위원
한국법무부 보호복지공단 경기북부지역보호위원회 전문위원

저서 : 인생게임에서 이겨라, 실타래를 풀어라

호신권법

인 쇄_ 2019. 09. 20
발 행_ 2019. 09. 30
저 자_ 임성학
발행인_ 김용성
발행처_ 지우출판(법률출판사)
출판등록_ 2003년 8월 19일
서울시 동대문구 휘경로2길 3, 4층
TEL: 02-962-9154 / FAX: 02-962-9156
ISBN: 978-89-91622-70-8 13690
Email: lawnbook@hanmail.net
값 50,000원